세상을 바꾸는 아이들

Ces enfants qui changent le monde
by Anne Jankéliowitch and Yann Arthus Bertrand
ⓒ 2012, Éditions De La Martinière Jeunesse, une marque de La Martinière Groupe, Paris
All Rights Reserved
Korean translation ⓒ 2013 by Blue Bicycle Publishing Co.
Korean translation rights arranged with Éditions De La Martinière Jeunesse through Orange Agency

이 책의 한국어 저작권은 오렌지 에이전시를 통한 De La Martinière와의 독점계약으로 파란자전거가 소유합니다.
저작권법에 의하여 한국 내에서 보호를 받는 저작물이므로 무단전재와 무단복제를 금합니다.

※ Cet ouvrage a bénéficié du soutien des Programmes d'aide à la publication de l'Institut français.
　이 책은 프랑스문화진흥국의 출판 번역 지원 프로그램의 도움으로 출간되었습니다.

세상을 바꾸는 아이들

초판 1쇄 발행 2013년 6월 10일 ＼**초판 6쇄 발행** 2022년 10월 5일
사진 얀 아르튀스-베르트랑 ＼**글쓴이** 안 얀켈리오비치 ＼**옮긴이** 김윤진
펴낸이 이영선
편집 이일규 김선정 김문정 김종훈 이민재 김영아 이현정 차소영 ＼**디자인** 김회량 위수연
독자본부 김일신 정혜영 김연수 김민수 박정래 손미경 김동욱
펴낸곳 파란자전거 ＼**출판등록** 1999년 9월 17일(제406-2005-000048호)
주소 경기도 파주시 광인사길 217(파주출판도시) ＼**전화** (031)955-7470 ＼**팩스** (031)955-7469
홈페이지 www.paja.co.kr ＼**이메일** booksea21@hanmail.net

ISBN 978-89-94258-57-7　73300

이 도서의 국립중앙도서관 출판예정도서목록(CIP)은 서지정보유통지원시스템 홈페이지(http://seoji.nl.go.kr)와
국가자료공동목록시스템(http://www.nl.go.kr/kolisnet)에서 이용하실 수 있습니다.(CIP제어번호: CIP2013006498)

파란자전거는 도서출판 서해문집의 어린이 책 브랜드입니다. 페달을 밟아야 똑바로 나아가는 자전거처럼
파란자전거는 어린이와 청소년이 혼자 힘으로도 바르게 설 수 있도록 도와줍니다.

어린이제품안전특별법에 의한 제품 표시
제조자명 파란자전거 ＼**제조년월** 2022년 10월 ＼**제조국** 대한민국 ＼**사용연령** 만 9세 이상 어린이 제품

세계 어린이·청소년
지구환경보고서

세상을 뚫는 아이들

얀 아르튀스-베르트랑 사진 | 안 얀켈리오비치 글 | 김윤진 옮김

파란자전거

추천의 글

지구의 희망, 아이들의 마음 밭에 응원과 협력을!

4월 22일은 전 세계가 '지구의 날'로 기념하는 날이다. 지구의 날은 미국 캘리포니아에서 발생한 기름유출 사고를 계기로 1970년에 시작되어 전 세계로 확산되었다. 이날 즈음 주말에는 환경단체들이 큰 행사를 열지만 우리는 서울 근교의 산으로 봄꽃 기행을 나갔다. 봄꽃과 신록을 만나기에 가장 좋은 시기이기 때문이다. 이때 우리들의 기행 교재에 어김없이 들어가는 글이 세번 컬리스-스즈키의 연설문이었다. 교사 학생들과 함께 달리는 버스 안에서 지구를 생각하는 시간을 가질 때, 지구 정상들을 혼냈던 열두 살 꼬마의 연설문만큼 좋은 교재는 없었던 것 같다. 이 꼬마에 대한 이야기가 이 책에 첫 번째로 등장하니 참 반갑다.

독일은 2012년 후쿠시마 사고 직후 기민당 메르켈 정부의 결정으로 2022년에 원전을 완전히 폐쇄하여 탈핵을 이루고 2050년까지는 모든 전기를 재생에너지로 사용하기로 하고 열심히 노력 중이다. 이미 햇빛과 바람으로 생산한 전기가 원전 생산량을 넘어서 있는 상태이다. 이미 10여 년 전에 사회당-녹색당 연정이 결정해 놓았던 2020년 탈핵을 뒤집고 원전 수명 연장을 결정한 메르켈 정부였다. 메르켈 정부가 탈핵을 결정할 수밖에 없었던 것은 자신들이 구성한 '국가윤리위원회'에서 지난한 토의와 국민 의견 수렴 끝에 탈핵으로 가는 것이 옳다고 결정했기 때문이었다. '지금 세대가 편리하게 살기 위해 미래 세대에게 위험한 핵폐기물을 물려주는 것은 윤리적으로 옳지 않다'는 게 핵심적인 이유였다. '미래

세대'를 중심에 놓고 판단을 했다는 점이 의미심장하다.

지난 20여 년, 환경 교육에 방점을 찍고 지내 온 교직 생활을 돌이켜 볼 때, 아쉽게도 학교의 현실은 점점 답답한 방향으로 가고 있다. 10~20여 년 전의 학생들은 순수했다. 아무 보상이 없어도, 쓰레기 분리수거를 같이 하자고 청하면 10~20명의 학생들이 자발적으로 나와서 함께 했다. 도시 하천 살리기 캠페인, 새만금 살리기 행사 등에 함께 하자 청하면 기꺼이 함께 하는 학생들이 많았다. 그러나 지금은 스펙이나 봉사 확인서가 아니면 당최 움직이지 않는다.

지금 내가 학교에서 중점을 두고 운영하는 것이 연합 동아리인 '생가락'(생태적인 가락고를 만드는 사람들)이다. 논밭팀, 나무팀, 풀꽃팀, 연못팀, 에너지팀, 지렁이팀이 움직이고 있다. 모두 착하고 좋은 학생들이고 열심히 활동하지만, 왜 그런지 생태적인 가락고를 만들겠다는 진정한 발심과 헌신을 찾아보기는 어렵다는 점이 늘 아쉽다.

이 책을 두 번 읽으면서 세계 곳곳에 존재하는 희망들을 확인할 수 있어 정말 뿌듯했다. 동시에 반성도 많이 했다. 이 책이 소개하는 45명의 어린이·청소년들은 자신들이 각성한 환경문제를 피해 가지 않았다. 문제를 해결하기 위해 용기를 냈다. 자신이 할 수 있는 일을 찾았고, 열정적으로 그 일에 헌신했다. 그들은 자기의 재능대로 그림을 그리고, 노래를 만들고, 조직을 하고, 모금을 했다. 누가 시켜서 한 것이 아니었다. 그들은 혼자 하지 않았고 친구, 가족, 학교, 지역사회, 인터넷에 도움을 요청했다. 그들은 자신들이 생각지도 못한 놀라운 성과를 거두었다. 성과는 순수한 열정에 따라온 부산물이었다.

어떻게 해야 이 위기의 지구에 희망이 있을까? 제일 소중하고 확실한 길은 지구의 모든 아이들을 이런 아이들로 길러 내는 것이 아닐까?
이 책을 읽으며, 이 아이들의 마음 바탕에 주목한다. 이 아이들의 마음에 씨앗이 떨어졌을 때 그 씨앗이 싹트고 무럭무럭 자라날 수 있는 마음 밭 말이다. 그건 유아기의 환경과 경험일 것이다. 보고 배운 부모의 삶일 수도 있고, 공동체의 전통일 수도 있고, 측은지심일 수도 있고, 생태적 감수성일 수도 있다.
또 한 가지 주목하는 것은, 이들의 순수한 발심이 꽃 필 수 있도록 응원과 협력을 아끼지 않았던 가정과 학교와 사회이다. 좋은 대학, 좋은 직장을 위해 과도한 경쟁에 내몰려 과도한 학업 스케줄과 전방위적인 감시에 쩔쩔매고 있는 우리 아이들이 너무 불쌍하다.
지구의 미래를 위해 우리가 할 일은 자명하다. 우리 아이들이 좋은 마음 바탕을 가질 수 있도록 유아기부터 배려해야 하며, 우리 아이들이 수많은 문제들을 직면하고 해결책을 강구할 수 있도록 시간과 계기를 줘야 한다. 또한 아이들의 자발적인 행동들을 적극적으로 지원해야 한다.

내가 그랬듯이 정말 많은 어른들이 이 책을 읽고 반성을 했으면 좋겠다. 정말 많은 아이들이 이 책을 읽고 세상을 바꾸는 일에 용기를 냈으면 좋겠다. 몇몇 특별한 영웅적인 아이들의 이야기일 뿐이라고 치부해 버리지 말았으면 좋겠다. 이 책으로부터 많은 도전을 받고, 미래 세대와 함께 행복한 생태사회를 만들어 나가는 데 우리 모두 한층 더 분발하면 좋겠다.

2013년 5월 정진영
가락고 교사, 환경과생명을지키는전국교사모임 회장

들어가는 말

아이들이 곧 미래다!

현재의 환경 위기는 우리가 스스로를 좀 더 나은 방향으로 개선하지 못하고 과거의 사고방식에 젖어 있기 때문에 발생했다. 따라서 앞으로 다가올 **변화**에 대처하기 위해서는 새로운 사고를 주도하고 만들어 내는 **십 대 어린이와 청소년**들의 역할이 중요하다.

그런 까닭에 내가 세운 굿플래닛이라는 재단은 어린이와 청소년 교육을 매우 중요한 활동으로 삼고 있다. 우리는 개발도상 국가들에 학교를 세우고, 해마다 무상으로 프랑스의 모든 교육 기관(올해는 벨기에)에 교육적인 내용의 포스터들을 배포하고 있다. 또한 사진작가로서 내가 하는 일과 지구를 위해 내가 한 사회 참여 활동을 인정해 주어 자신들의 학교에 내 이름을 붙인 프랑스 12개 학교의 교직원과 학생들에게 감사를 드리고자 한다.

어린이와 청소년들은 우리 모두에게 필요한 낙천주의를 지니고 있다. 그들은 아직 포기하지 않았고, 일상생활에 찌들지 않았다. 청소년들은 때로 불의에 대해 혹은 우리가 남겨 주는 세상의 혼란에 대해 분노를 느낀다. 그러나 그 분노는 참으로 건전하다. 20년 전 당시 12세던 세번 스즈키가 리우데자네이루에서 했던 그 유명한 연설에서 보여 주었듯 말이다. 이따금 아이들은 놀라운 에너지를 발휘할 줄 안다. 그래서 내가 펠릭스 핑크바이너를 만났을 때, 유엔이 당시 14세였던 그 어린 소년이 이끄는 단체에 나무 심기 캠페인의 책임을 맡겼다는 사실을 믿기 어려웠다. 그 뒤로 나는 특히 유엔환경계획(유넵 UNEP)의 툰자라는 국제 청소년

대표부에서 또 다른 펠릭스, 또 다른 세번과 같은 아이들을 만날 기회가 있었다. 그 소년 소녀들은 서로 매우 다르고, 태어난 나라도 다르지만, 모두 다 믿기 어려울 정도의 열정을 지니고 있었다. 그들은 아직 어리긴 해도 이미 우리가 배울 만한 것을 지니고 있다. 그것은 참을성, 참여 정신 그리고 때로는 용기이기도 하다. 그들은 미래가 아직 결정된 것이 아니고 우리의 손에 달려 있기 때문에, 우리가 우리 스스로를 그리고 우리 자신의 능력을 믿어야 함을 보여 주고 있다.

세상을 바꿔 지구를 살리는 이 모든 어린이와 청소년들은 다 함께 희망의 메시지를 전하고 있다. 비록 이 책에서는 45명의 아이들만 소개하지만, 전 세계에는 수백, 수천의 똑같은 어린이와 청소년들이 있다. 어쩌면 여러분도 그중 한 명일 수 있다. 또 어쩌면 이 책을 읽고 여러분이 그중 한 명이 될 수도 있을 것이다.

얀 아르튀스-베르트랑
굿플래닛 재단 대표

● 툰자(TUNZA)는 배려와 사랑으로 대한다는 아프리카 스와힐리어로 미래 세대의 대표들인 어린이와 청소년을 환경 살리기에 참여시키기 위한 유엔환경계획의 목표를 나타낸다.

차례

추천의 글_ 지구의 희망, 아이들의 마음 밭에 응원과 협력을! 4
들어가는 말_ 아이들이 곧 미래다! 8

세번 컬리스-스즈키 _ 12세, 캐나다
6분 동안 세계를 입 다물게 한 열두 살 소녀 14

카산드라 린 _ 10세, 미국
환경을 보호하는 것, 그것은 논리의 문제다! 18

알렉스 린 _ 11세, 미국
컴퓨터에 새 생명을 주세요, 쉬운 일입니다! 24

카메론 올리비에 _ 11세, 아랍 에미리트
내 아이들이 살아 있는 단봉낙타를 봤으면 해요 28

아이탄 그로스맨 _ 12세, 미국
음악으로 전 세계 아이들을 하나로 만들어요 30

패리스 레인즈 _ 16세, 오스트레일리아
병을 한 번만 사용하다니 말도 안 된다! 34

에릭 밥 _ 11세, 미국
식물 순찰대로 생태계 침략 식물들을 체포한다 38

아누프 라히 샬리즈 _ 15세, 네팔
우리가 믿는 종교에서는 보리수나무를 심는 것이 신성한 행위이다 40

치얼 치우 _ 중학생, 중국
숲을 구하려면 우리가 만든 재활용이 가능한 젓가락을 사세요! 44

올리비아 불러 _ 11세, 미국
나는 붓으로 새들을 구했어요 48

레이첼 윌슨 _ 중학생, 아일랜드
생각은 글로벌하게, 먹거리는 자기 고장에서! 52

아냐 수슬로바 _ 13세, 러시아
나는 과학 연구를 위한 자료 수집을 했어요! 54

후안 이그나시오 오르도녜 _ 14세, 아르헨티나
생활 방식을 환경보호에 맞추어야 할 때다 58

마리아 오세나스 _ 중학생, 헝가리
우리는 아스팔트로부터 이탄지를 구해 냈어요 60

타오 고시에망 _ 12세, 보츠와나
여러 학교와 함께 나무 심기 운동을 벌였어요 62

크리스티안 마그누스 오이엔 _ 12세, 노르웨이
종이를 한 번만 쓰다니, 말도 안 돼요 63

누르 엘-모프티 _ 13세, 레바논
4만 그루의 서양삼나무를 심었어요! 63

타케야 블래니 _ 9세, 캐나다
무언가를 주장하려면, 그것을 들려줘야 한다 64

로리 울프 _ 12세, 미국
꼭 해부를 해야만 동물에 대해 알 수 있는 것은 아니다! 68

매튜 스미스 _ 중학생, 마다가스카르
우리는 연극으로 바다를 보호한다 70

유그라트나 스리바스타바 _ 13세, 인도
내 목소리는 모든 청소년들의 목소리입니다 72

루줄 자파르드 _ 13세, 미국
누구나 물을 마실 권리가 있다 76

샤말리 티와리 _ 고등학생, 인도
우리 학교에서는 지렁이가 쓰레기를 처리해요 80

애니 콜린스 _ 12세, 캐나다
우리 시에서는 공정거래를 권장해요 82

캐서린 리우 _ 12세, 미국
예술이 사람들을 생각하게 만들 수 있다 86

파커 리오토 _ 16세, 영국
나는 제일 어린 북극 정복자가 되고 싶었어요 88

아들린 수와나 _ 12세, 인도네시아
우리는 모두 자연의 친구이다 92

딜런 마하링감 _ 9세, 미국
인터넷으로 전 세계를 도울 수 있다 94

리아논 탐티션과 메디슨 보르바 _ 16세, 미국
비스킷이 오랑우탄의 서식지를 파괴한다! 98

세바스찬 제이미와 리베로 다빌라 _ 12세, 볼리비아
아이들이 나무를 심도록 도왔다 99

아말라 데사라티 _ 15세, 인도
벵갈루루 시의 쓰레기 분리수거를 실현했다 99

마이켄 하말루바 _ 11세, 보츠와나
나무는 생명이다 100

펠릭스 핀크바이너 _ 9세, 독일
논란은 그만두고 나무 심기를 시작하세요! 102

헬가 안핀센 _ 12세, 노르웨이
강 근처 습지 되살리기 106

허진호 _ 13세, 대한민국
재활용 재료로 나만의 봉지 만들기 107

엘레노르 서트클리프 _ 11세, 영국
'SOS 우리의 바다를 구하자' 프로젝트 진행 107

자말리 브리지워터 _ 10세, 버뮤다
뜻있는 청소년들끼리 생각을 교환해요! 108

제임스 브룩스 _ 9세, 캐나다
고릴라를 구하기 위해 내가 말하지 않는다면, 누가 그 일을 할 것인가? 110

하난 하산과 줄리아 린 _ 10세, 오스트레일리아
지금이 바로 지구를 구할 때다 116

아이노아 아르디 _ 14세, 프랑스
북극을 생각할 때면, 이누이트 족이 생각나요 118

옹딘 엘리오 _ 12세, 프랑스
상어를 위해 싸우는 것은, 바로 우리를 위해 싸우는 것이다 122

앨버타 넬스 _ 16세, 미국 나바호 자치 지역
성스러운 산에 스키장은 안 된다 126

제스 이스마엘 이자이딘 _ 15세, 말레이시아
무대에서는 메시지를 전달하는 데 15분이면 충분하다 130

앨릭 로어즈 _ 16세, 미국
오늘 저는 미국을 상대로 소송을 제기합니다! 132

6분 동안 세계를 입 다물게 한 열두 살 소녀

세번 컬리스-스즈키
1992년 당시 12세
캐나다

상황

1992년 제1차 지구환경정상회의가 열린 지 20년 만인 2012년, 리우데자네이루에서 다시 지구의 미래에 관한 지구 정상회의가 열린다.

"저는 어린이일 뿐이고 모든 해결책을 가지고 있지도 않습니다. 그렇지만 여러분이 한 가지만은 깨닫기를 바랍니다. 여러분도 마찬가지라는 사실을요! 여러분은 오존층에 난 구멍을 어떻게 메워야 할지 모릅니다. 오염된 하천으로 연어들이 돌아오게끔 하는 방법도 모릅니다. 멸종한 동물을 다시 살아나게 하는 법도 모릅니다. 그리고 여러분은 이미 사막으로 변해 버린 곳을 예전의 숲으로 되돌려 놓지도 못합니다. 만일 여러분이 이 모든 것을 복구하는 방법을 모른다면, 미안하지만 파괴를 중단하세요!" 이렇게 몇 가지 진실들이 전달되었다……. 세계를 이끄는 모든 어른들과 함께 하고 싶은 일들을 이렇게 조목조목 내세우다니! 그러나 어린아이가 세계 지도자들의 눈을 똑바로 바라보며 이런 종류의 일들을 말할 수 있다는 것이 매일같이 일어나는 일은 아니다.

당연히 매일은 아니다. 그러나 간혹 일어나기는 한다! 그리고 1992년 처음으로 그 일을 한 아이는 세번 컬리스-스즈키이다. 당시 세번은 12세였다. 세번은 자신이 만든 어린이 환경기구(ECO)의 세 친구와 함께 리우데자네이루에서 열리는 제1차 세계정상회의에 참여할 방법을 찾아냈다. "우리는 어른인 여러분에게 행동 방식을 바꾸어야만 한다고 직접 말하기 위해 우리가 가진 돈을 모아 5,000마일(약 8,000킬로미

브라질 과나바라만과 대도시 리우데자네이루를 굽어보는 그리스도 상. 1992년 세계정상회의인 유엔환경개발회의는 리우데자네이루의 이름을 붙여 '리우정상회의'라고 부른다.

● 정부 간 협정이 아니라 민간의 국제 협력으로 만들어진 조직.

터)을 날아왔습니다. 저는 저의 미래를 위해 싸웁니다. 저의 미래를 잃는다는 것은, 선거에서 지거나 또는 주가 지수 몇 포인트 떨어지는 그런 일이 아닙니다."

지구의 미래를 위한 세계 회의에 참석하는 청소년은 그리 많지 않다. 또 청소년을 참석시킬 예정도 전혀 없었다. 그렇다면 세번은 어떻게 단상에 오를 수 있었을까? 운 좋게도 예정된 발표 하나가 취소되었기 때문이었다. 그렇게 해서 성인들의 회합 도중에, 소녀 한 명이 갑자기 단상으로 나와 유엔 대표부 앞에서 연설을 했다. "연설을 하게 된 것은 순전히 우연이었어요. 우리는 비정부기구●로 등록했는데, 발표 취소 덕분에 총회에 초대되었거든요."

SEVERN CULLIS-SUZUKI

세번은 또렷하고 차분한 목소리로 모든 어른 참석자들, 각국의 고위 책임자들, 정치가들, 기업 총수와 언론인들에게 호소했다. "저는 살면서 야생동물 무리, 새와 나비들이 가득한 정글과 숲을 보기를 꿈꿔 왔습니다. 그렇지만 장차 제 아이들도 그것들을 볼 수 있을까요? 여러분은 제 나이였을 때 이런 것들에 대해 걱정해 보셨나요?"

소녀의 말은 너무도 진지하고 진실했기에 청중들은 마음이 흔들렸다. 몇 분 동안 모든 이들이 자신의 어리디어린 딸이 자신에게 조목조목 따지고 든다는 느낌을 받았다.

"학교에서, 심지어는 유치원에서도 여러분은 우리에게 어떻게 처신해야 할지 가르쳐 줍니다. 싸우지 말라고, 우리가 가진 문제에 대한 해결책을 찾아보라고, 다른 사람들을 존중하라고, 우리가 있던 자리를 깨끗이 치우라고, 생물들을 해치지 말라고, 이기주의자가 되지 말고 다른 사람들과 나누어 가지라고 가르칩니다. 그런데 어째서 여러분은 밖에서 우리한테는 하지 말라고 한 그 모든 것들을 한단 말입니까?" 당연히 그 누구도 대답을 하지 못했다. 바로 이런 질문 때문에 세번에게는 '6분 동안 세계를 입 다물게 한 소녀'라는 별명이 붙었다.

"우리들은 결정을 내리는 사람들의 양심이 되어 자신이 진정 누구인지를 깨닫게 하려고 했어요. 자신이 단순히 정치인일 뿐만 아니라 부모이며 조부모이기도 하다는 사실을요." 세번은 그 당시를 떠올리며 이렇게 회상한다.

양심이 자신에게 말을 할 때, 사람들은 침묵할 수밖에 없다. "제 아버지는 항상 말씀하세요. '사람은 말로 판단하는 것이 아니라, 행동으로 판단하는 법이다.' 그래요, 여러분이 저지른 행동 때문에 저는 밤마다 운답니다. 여러분은 여전히 우리를 사랑한다고 말하지요. 그럼 어디 한번 해 보세요. 여러분이 한 말대로 행동을 한번 해 보시라고요."

20년이 흘렀어도 세번의 연설 동영상은 여전히 인터넷에서 인기를 끌고 있다. 세번은 그 동영상이 여전히 인기인 것은 청소년들에게 의견을 말할 수 있게 해야 한다는 필요성과 청소년의 목소리가 가진 힘을 보여 주기 때문이라고 생각한다. 어른들이 하는 행위에 설령 여러 가지 이점이 있고 숨겨진 의도들이 있다고 해도 그 행위들이 어떤 결과를 가져오는지 어른들에게 상기시켜 주어야 한다. 세번이 전 세계 지도자들에게 던진 호소로 뭐가 변했을까? 분명 그 연설을 들은 사람들은 깊은 생각을 했다. "분명 오늘날 사람들이 환경문제에 대해 훨씬 더 많이 알게 되었지만, 직접적인 효과는 측정하기 쉽지 않지요." 20년이 지난 지금 세번은 이렇게 말한다. "변화들이 있었다는 것은 확실해요. 1992년에 우리들은 오존층에 대해 걱정했지만, 몬트리올 의정서● 덕분에 그 문제는 그때만큼 심각하지는 않거든요."

세번은 현재 두 아이의 엄마다. 그 연설 이후, 그녀는 지구를 살리기 위해 끊임없이 움직였다. 심의단체를 조직하고, 책을 한 권 냈으며, 환경 관련 TV 프로그램에 출연하고, 학술적인 연구도 했고, 수많은 학술회의에서 발표를 하기도 했다. 그리고 2012년 세계정상회의인 리우+20에 참석하기 위해 다시 리우데자네이루로 돌아갈 생각을 하고 있다! 그리고 세번은 말한다. "또한 그 이후 세계 인구의 절반 이상을 차지하는 어린이와 청소년들이 그 과정에 참여하고 있음을 알려야지요."

청소년의 의견에 더 많이 귀를 기울이는 것, 그것이 바로 진보다! 그러나 세번이 볼 때, 가장 큰 변화들이 일어나는 것은 국제회의에서가 아니다. 정말 우리가 처한 상황을 개선시키는 것은 개인의 행동양식 변화이다. 수많은 아이들이 이러한 사실을 이해했다! 세번의 뒤를 좇아 지구를 살리기 위해 행동하는 아이들이 전 세계에 수백만 명이나 된다. 결국 더 이상 어른들이 어떤 반응을 보일 때까지 기다리지 않고 말이다.

_ 1992년 리우정상회의에서 세번 컬리스-스즈키가 발표한 연설문과
2011년 9월 출판된 청소년 환경 잡지 〈툰자〉에 실린 인터뷰에서 발췌.

● 오존층 파괴 물질에 대한 사용을
  금지하고 규제하는 국제 협약이다.
  1989년 1월에 발효되었다.

카산드라 린
2008년 당시 10세
미국
로드아일랜드주
웨스털리

환경을 보호하는 것, 그것은 논리의 문제다!

상황

집에 난방을 할 때 그리고 자동차를 운행할 때 폐식용유를 사용하면 석유나 중유를 절약할 수 있다.

주변에서 벌어지는 일에 관심이 많던 카산드라는 자신이 사는 도시에서 말도 안 되는 일들이 벌어지고 있음을 발견한다.

우선, 겨울에 돈이 없어 난방을 못 하는 가난한 가정들이 있다는 것은…… 옳지 않다. 부엌에서 개수대에 버리는 기름과 생크림이나 버터 때문에 낡은 배수관이 막힌다는 것은…… 괴상하다. 그리고 난방을 위해 종종 중유를 사용하는데, 석유의 부산물인 중유가 타면서 발생하는 가스가 온실효과를 일으켜 지구의 기후를 어지럽힌다는데…… 걱정된다.

카산드라는 몇몇 또래 친구들과 이런 문제들을 곰곰 생각한다. 그러던 어느 날, 환경박람회에 갔다가 부엌에서 나오는 폐유를 중유보다 공해를 덜 일으키는 바이오디젤유로 변화시킬 수 있다는 것을 발견한다. 그것이 바로 해결책이었다!

프랑스 셰브뢰즈 계곡 유채 밭에 들어간 암사슴.
프랑스에서 유채는 바이오연료의 주된 원료로 쓰인다.

어떤 사회에서는
쓰레기 하치장에서 기름을 모아
바이오디젤유로 변화시킨다.

CASSANDRA LIN

그래서 다섯 친구들은 시청으로 가 쓰레기 하치장에 폐유와 생크림이나 버터를 모을 수 있는 컨테이너를 설치하자고 설득한다. 그리고 라디오 방송 출연과 여러 학교에서의 발표를 통해 폐유 모으는 일을 널리 알린다. 아이들은 슈퍼마켓 출구에서 사람들에게 바이오디젤유에 대해 알려 폐식용유를 재활용하도록 유도하고, 마찬가지로 시내 식당 주인들을 하나하나 설득해 나간다. 지역사회 전체가 그 계획의 동반자가 되어 쓰레기 하치장에서 폐유를 수거하고 공장으로 가져가 바이오디젤유로 변환시킨다. 그리고 바이오디젤유의 일부는 자선단체들이 회수하여 빈곤 가정에 무상으로 배급한다. 그러면 그 가정에서는 겨울 난방용 기름으로 사용한다! 얼마나 논리적인가!

www.w-i-n.ws/index_files/Page391.htm

목표 / 기후온난화를 일으키지 않는 에너지원을 개발하라

방법 : 식용유를 수집하여 바이오디젤유로 변환한다.

내가 바꾼 세상 : 해마다 19만 리터의 폐유를 수집하여 바이오디젤유로 재활용한 일. 빈곤 가정 50가구가 겨울에 무상으로 바이오디젤유로 난방을 하게 된 일.

앞으로 하고자 하는 일 : 그 계획을 지역에 있는 다른 도시들에 널리 알리는 일.

가장 영웅적인 행동 : 법을 바꾸다! 식용유를 사용하거나 판매하는 모든 상인들이 의무적으로 식용유를 재활용하도록 하는 새로운 법안을 통과시키는 데에 성공했다.

가장 기쁜 일 : 내가 세운 계획이 환경보호에도 도움이 되고, 내가 사는 도시 사람들에게도 도움이 되었다는 것.

가장 큰 실수 : 처음에 식당을 찾아다닐 때 올바로 처신하지 못했다. 미리 예고도 없이 찾아가는 바람에 주인이 우리를 만나 줄 시간이 없었다. 그래서 방법을 바꿨다. 미리 전화를 걸어 약속을 정하고, 소형 비디오를 사용하여 우리 계획을 5분 만에 알렸다! 그것이 더 효과적이었다. 지금 우리는 12개 도시에 있는 100개 이상의 식당들이 식용유를 재활용하도록 설득했다.

부모님의 역할 : 부모님은 언제나 나를 이끌어 주시고 도와주시며, 내가 모든 것에 관심을 갖도록 해 주신다!

충고 : 목표를 너무 높게 잡지 말라! 이를테면 자원봉사로 동물 보호소를 돕거나 쓰레기 분리부터 시작하라. 그다음에 언제나 이룰 수 있는 목표를 스스로 정하고 차근차근 나아가라.

알렉스 린
2005년 당시 11세
미국
로드아일랜드주
웨스털리

컴퓨터에 새 생명을 주세요, 쉬운 일입니다!

상황
전자 폐기물에는 위험한 물질이 들어 있다. 쓰레기장에 버려진다면 환경에 유해하다.

집에서 아버지, 여동생, 남동생과 함께 지내는 시간을 갖고 싶어요……. 알렉스의 가족은 모두 환경을 위해 일하기 때문에 다 함께 집에 있는 시간이 드물다.

"그게 살아가는 방식이지요." 알렉스는 말한다. 어느 신문 기사에서 전자 폐기물이 환경을 오염시키는데 어디에나 수백만 개씩 쌓여 있다는 사실을 알게 된 후, 알렉스의 전투 대상은 전자 폐기물이 되었다.

"처음에는 커다란 산 앞에 선 느낌이 들었고, 어느 방향으로 문제를 해결해야 할지 몰랐습니다." 그러나 알렉스는 친구들과 모여 목표를 정하고 단계별로 일을 해 나갔다.

우선 재활용이었다. 그들은 시청으로부터 지역 쓰레기 하치장에 특수한 컨테이너를 설치할 수 있도록 허가를 받아 냈고, 폐기물들을 수집하기 위해 믿을 만한 재활용 기업을 찾아냈다. 컨테이너 덕분에 낡은 컴퓨터들은 더 이상 하치장 바닥에 널브러지지 않게 되었고, 그것만으로도 이미 변화는 시작되었다.

그리스 아스프로피고스에 쌓인 가전제품 폐기물. 프랑스에서는 전자제품과 가전제품 폐기물을 재활용하도록 법에 규정되어 있다. 제품을 판 상인에게 그 제품을 다시 가져다주기만 하면 된다.

**스리랑카, 멕시코, 필리핀
그리고 케냐의 학교 전산실에 장비 설치를 해 주고
카메룬에 있는 사이버카페에
장비를 기증했습니다.**

ALEX LIN

그다음은 재사용이었다. "재활용보다는 7배나 더 효율적이지요." 알렉스의 친구들은 정기적으로 알렉스의 집에 모여 기업에서 보내온 낡은 컴퓨터들을 재조립했다. "하드디스크를 바꾸고, 메모리 성능을 높이고 프로그램을 까는 일이니까, 쉬워요." 다시 태어난 컴퓨터들은 꼭 필요한 곳에서 제2의 삶을 얻는다. "스리랑카, 멕시코, 필리핀 그리고 케냐의 학교 전산실에 설치를 해주고 카메룬에 있는 사이버카페에 기증했습니다."

마지막은 법을 바꾸는 것이었다. 알렉스와 친구들 덕분에 전자 폐기물 관련 법이 2006년에 만들어졌고, 그때부터 로드아일랜드주에서는 전자 폐기물을 재활용하는 것이 의무화되었다.

www.w-i-n.ws WIN : 웨스털리 혁신 네트워크의 약자
(Westerly Innovations Network)

목표 / 전자 폐기물을 줄여라

방법 : 전자 폐기물들을 재활용하고 낡은 컴퓨터들은 재생한다.

내가 바꾼 세상 : 2005년부터 2011년까지 180톤의 전자 폐기물을 재활용했다. 350대 이상의 컴퓨터가 새 생명을 얻어 제2의 삶을 찾아 떠났다. 개발도상국가 전산실 일곱 곳에 재생 컴퓨터를 설치해 주었다. 백만 명 정도의 사람들이 전자 폐기물을 재활용하는 데에 힘을 보태고 있다.

가장 기쁜 일 : 우리가 컴퓨터를 보내 준 스리랑카의 학교에서 학교 이름을 우리가 만든 환경 단체 이름을 따 '윈(WIN)'이라고 하기로 결정했다! 우리의 계획이 세상 반대편에까지 영향을 미쳤다니 정말 멋진 일이다.

가장 자랑스러운 일 : 내가 사는 도시와 주에 변화를 일으켰고, 내가 그 계획에서 손을 뗀다 해도 그 변화가 지속적으로 이루어지리라는 사실.

가장 큰 실수 : 처음 우리가 제안했던 법안은 너무 복잡했다. 그래서 거부당했다. 우리는 법안을 단순화했고, 좀 더 많은 사람들의 힘을 모으기 위해 탄원서에 서명을 받았으며 라디오, 신문 그리고 각 학교에 우리 계획을 알렸다. 2006년에 그 법안은 통과되었다.

충고 : 열정을 쏟을 수 있는 무엇인가를 찾아 그것을 행하라. 만일 열정을 쏟을 수 없다면, 일이 어려워질 때 의욕을 갖기 어려울 것이다.

앞으로 하고자 하는 일 : 환경을 위해 행동하는 다른 청소년 단체와 함께 일하고, 더 많은 사람들이 동참하게 하고, 내 경험을 전하려 한다.

아프리카 콩코 앵불루 댐으로 생긴
호수의 어부.
댐은 이 세상에서 재생 가능한
주요 에너지원이다.

내 아이들이 살아 있는 단봉낙타를 봤으면 해요

카메론 올리비에
2008년 당시 11세
남아프리카공화국 출생
현재 아랍 에미리트의
아부다비 거주

목표 / 자연에 버려진 쓰레기 때문에 사라지는 단봉낙타들을 구하라

방법 : 대중이 관심을 갖게 하고, 쓰레기를 줍는다.

내가 바꾼 세상 : 자연에 버려진 쓰레기 문제에 수많은 사람들이 관심을 갖게 되었다.

가장 자랑스러운 일 : 내가 벌인 캠페인이 2008년 아부다비 상을 수상했다. 43,000명의 수상자들 중 내가 역대 최연소 수상자이다!

부모님의 역할 : 내가 처음 그 운동을 벌였을 때, 부모님은 내 유일한 지지자셨고, 경제적 후원자로서 모든 비용을 대 주셨다.

친구들의 평가 : 내 캠페인을 100% 지지한다!

충고 : 아버지는 항상 말씀하신다. "작은 시냇물들이 모여 강을 만든다." 그러니 여러분이 하는 활동의 규모는 상관없다. 아무리 작은 물방울이라도 쓸모가 있으니까!

앞으로 하고자 하는 일 : 대형 마트에서 사람들이 관심을 갖게 하고, 모든 택시 운전기사들을 설득해 내가 만든 스티커를 택시에 붙이도록 하는 것. 그리고 여러 학교에서 발표를 하고, 언론을 통해 내 캠페인에 대해 알리는 것.

모든 것은 하나의 신문 기사에서 시작되었다. 카메론은 그 기사를 읽고, 사람들이 무심코 버린 쓰레기를 삼키는 바람에 단봉낙타가 두 마리 중 한 마리 꼴로 죽는다는 사실을 알게 되었다.

충격을 받은 카메론은 사람들에게 경각심을 주기로 결심했다. "단봉낙타는 이 나라의 한 부분입니다! 이곳에서는 단봉낙타가 필요한 사람들이 낙타를 죽여요! 나는 도저히 믿을 수가 없어요." 카메론은 분개했다.

당시 6학년이었던 카메론은 자신이 다니는 학교에서 수많은 단봉낙타들의 생명을 앗아 가는 전염병에 대한 설명회 준비를 시작했다.

차츰차츰 카메론의 홍보 운동은 그 규모를 키웠다. 사람들은 인터넷 사이트, 스티커, 모자, 전단지, 게시문 그리고 심지어 텔레비전 토막광고를 통해 무심코 버리는 쓰레기가 어떤 결과를 가져오는지 깨닫게 되었다.

아프리카 서북부에 위치한 공화국 모리타니의 수도 누악쇼트 부근의 단봉낙타 대상 행렬.
사막이나 초원에서 낙타나 말에 짐을 싣고 떼를 지어 먼 곳으로 다니면서 특산물을 교역하는 상인 집단이 대상이다.

상황
자연에 버린 쓰레기들은 그저 더러운 오염 물질에 그치는 것이 아니다. 그것을 삼키는 수많은 동물들이 죽을 수도 있다.

좀 더 나아가 카메론은 같은 반 친구들과 함께 모임을 만들어 사막을 청소하면서 비닐봉지 등 치명적일 수 있는 쓰레기들을 주웠다. 그의 목표는 뚜렷하다. "우리의 잘못으로 단봉낙타들이 죽어 가는 한 나는 이 운동을 계속할 거예요! 나는 내 아이들이 살아 있는 단봉낙타를 봤으면 해요! 사진으로가 아니라……."

CAMERON OLIVER

www.cameronscamelcampaign.com

아이탄 그로스맨
2009년 당시 12세
미국
캘리포니아주
팔로 알토

음악으로 전 세계 아이들을 하나로 만들어요

상황
《불편한 진실》은 인간들의 행위 때문에 왜, 어떻게 지구 기후가 변화하는지를 설명하는 다큐멘터리 영화이다.

앨고어가 지은 《불편한 진실》*이라는 책을 덮으면서, 아이탄은 기후 온난화가 향후 100세대의 삶에 영향을 미칠 심각한 문제라는 사실을 깨달았다. 아이탄은 고민에 잠겼다. 어떻게 이 사실을 전 세계에 알릴 수 있을까?

음악에 빠져 있던 아이탄은 그 사실을 노래로 전하기로 마음먹었다. 그렇지만 모든 대륙의 어린이들이 공감할 수 있으려면, 누구나 자기 나라 말로 부를 수 있는 보편적인 종류의 노래가 필요했고, 그래야만 국경을 넘어 경고의 메시지를 전할 수 있었다! 아이탄은 자기처럼 기후 온난화에 대해 고민하고 있고 그것을 힘차고 큰 목소리로 말하고 싶어 하는 아이들을 찾기 위해 5개 대륙에 있는 학교에 자신이 만든 노래를 보냈다. 여러 나라의 학교에서 그의 노랫소리에 귀를 기울였다. 그리고 곧 아이탄은 자신이 만든 노래를 보츠와나, 프랑스, 베네수엘라, 대만, 에티오피아 그리고 미국의 아이들과 함께 부르게 되었다!

● 노벨 평화상 수상자이자 전 미국 부통령을 지낸 앨 고어가 쓴 지구온난화에 대한 원인과 결과, 그리고 미래를 보여 주는 책.

스페인의 세비야 인근에 있는 태양열 발전소 집열판들. 지구 표면은 인류가 1년 내내 소비하는 것보다 더 많은 에너지를 1시간 동안에 받는다.

아이탄은 자신이 만든 노래를
보츠와나, 프랑스, 베네수엘라, 대만, 에티오피아
그리고 미국의 아이들과 함께 부르게 되었다!

AITAN GROSSMAN

노래 가사 발췌

*My eyes are burning.
This is the biggest storm,
The tide is turning
I see the waiving wheat,
I see the redwood tree,
They wither in the heat.
What will become of me?*

내 눈이 불타고 있네.
이것은 가장 강력한 폭풍,
바다가 뒤집히고,
밀밭이 물결치고 있네,
세콰이어 나무가 뜨거운 열기에
시들어 가는구나.
나는 어떻게 될까?

그다음으로 아이탄은 반주와 노랫말을 올릴 수 있는 '어린이지구(KidEarth)'라는 인터넷 사이트를 만들었다. 전 세계의 모든 어린이들이 그 사이트에서 아이탄의 〈100세대〉라는 곡을 듣고, 누구든 자유롭게 영감을 얻어 새로운 〈100세대〉를 만들 수 있으며, 새로운 노래의 동영상을 찍어서 아이탄에게 보내 어린이지구에 올리도록 했던 것이다! 인터넷 사이트에서는 1유로(약 1,500원)도 채 안 되는 돈으로 〈100세대〉의 오리지널 사운드를 다운로드 받음으로써 이 운동에 참여할 수 있다. 그렇게 기부 받은 돈은 기후 온난화의 위협에 맞서 행동하는 단체들에 되돌려진다.

AITAN GROSSMAN

www.kidearth.us

목표 / 아이들이 기후 온난화에 관심을 갖게 하라

방법 : 노래를 작곡한다.

내가 바꾼 세상 : 나는 수많은 아이들에게 기후 온난화에 대한 경각심을 일깨워 주었다. 내가 만든 인터넷 사이트를 110개국에서 70만 명이 방문했다.

가장 기쁜 일 : 내 노래를 다른 대륙의 아이들이 부르는 것을 듣는 일. 그때마다 나는 생각한다. "멋져! 나는 저 사람들을 알지도 못하는데, 저들은 나와 똑같은 메시지를 전하는구나!"

가장 자랑스러운 일 : 내 계획을 여러 강연회에서 발표하는 것. 이를테면 미국 환경보호청에서 했던 연설이 있는데, 사람들은 내가 한 일에 대해 항상 칭찬하는 듯하다.

가장 큰 실수 : 인터넷에서의 노래 판매는 썩 잘되지 않았다. 어느 순간, 돈을 모으는 것보다 사람들의 관심을 끄는 것이 더 중요하다고 생각했고, 그래서 사이트에 무료로 노래를 올렸다. 그러자 대번에 사람들이 더 많이 듣게 되었고, 그것이 진정으로 내 계획을 궤도에 올려놓았다!

충고 : 창조적이고 독창적이 돼라. 당신이 무엇인가를 새롭게 바꾸고자 한다면 사람들은 당신 말에 귀를 기울일 것이다.

부모님의 역할 : 부모님과 음악 선생님의 도움이 없었다면 나는 결코 성공할 수 없었다. 아버지는 내가 노래를 만들고, '어린이지구'의 로고와 사이트를 만드는 데에 도움을 주셨다. 무엇보다도 내가 이 계획을 통해 성장할 수 있도록 도와주셨다.

친구들의 평가 : 친구들은 나와 함께 노래를 녹음했다!

패리스 레인즈
16세
오스트레일리아

병을 한 번만 사용하다니 말도 안 된다!

상황

우리가 버리는 쓰레기의 대부분은 바다로 흘러간다. 플라스틱 제품은 물고기와 거북이 그리고 돌고래들의 생명을 위협한다.

네가 다니는 학교에서 개인용 플라스틱 병을 추방해야겠다는 생각은 어떻게 했니?

저는 바다에서 서핑을 하고, 잠수를 하고, 수영하는 것을 좋아해요. 그래서 플라스틱 제품 때문에 바다가 오염되고, 바다 생물의 생명까지 위협한다는 사실을 알게 되었을 때, 다른 아이들이 이 문제에 관심을 갖게 만들고 플라스틱 병 쓰레기를 줄이는 운동을 하기로 결심했지요. 병을 한 번만 쓰고 버리는 일은 말도 안 되거든요.

그래서 어떻게 했니?

제 계획을 발표하기 위해 플라스틱 제품이 만들어 낸 해양 오염 수치와 일회용 병의 사용을 줄이기 위한 제안 사항들을 교장 선생님께 서류로 제출했습니다.

교장 선생님이 네 제안을 받아들이셨니?

그럼요! 학교 측에서 재사용이 가능한 철제 물병 천 개 정도와 수도꼭지가 달린 3개의 물 저장 탱크를 구입했어요. 각 가정에서는 스테인리스 물병을 구입해서 나름대로 참여했지요. 그 운동이 공식적으로 시작되는 날, 저는 전교생에게 이런 일을 하는 이유들을 설명했답니다.

독일 브라운슈바이크 근처에 쌓인 병 박스들. 물병의 제조, 포장, 운송을 위해서는 병의 1/4에 해당하는 양의 석유가 필요하다.

시내를 걸어 다닐 때 우리 모두 스테인리스 물병을 가지고 다니는데, 우리를 보는 사람들에게 환경보호를 위한 메시지가 되는 거죠.

PARRYS RAINES

학생들 반응은 어땠니?
대부분의 학생들은 플라스틱 제품이 해양 생물에 재앙이 될 수도 있다는 사실을 알고 깜짝 놀랐어요. 그래서 재사용이 가능한 물병을 쓰자는 안이 빠르게 채택되었습니다. 그리고 매점에서는 더 이상 플라스틱 병을 팔지 않는데, 이건 정말 멋진 승리지요!

다른 학교에서도 너희들을 모범 삼아 따르게 되었는지?
2011년 제가 만든 짧은 영화와 함께, 많은 학교에 제가 한 행동을 소개했어요. 그럴 때마다 학생들은 무척 의욕적이었고요. 제 생각에 설령 그 애들이 다니는 학교에서 아무런 조치를 취하지 않는다 해도, 학생들은 저마다 수단과 방법을 다해 행동할 거예요!

PARRYS RAINES

태평양에는 떠내려온 쓰레기들로 만들어진 섬이 둥둥 떠다니는데, 그 섬에는 플랑크톤보다 더 많은 플라스틱 파편들이 있습니다. 해마다 수십만 마리의 해양 동물들이 플라스틱의 독성 때문에 혹은 플라스틱 쓰레기 때문에 질식해서 죽어 갑니다.

www.climategirl.com.au

목표 / 플라스틱으로 발생하는 해양 오염을 줄여라

방법 : 학생들이 사용하는 소형 플라스틱 병의 사용을 금지하고 그 대신 재사용이 가능한 스테인리스 물병을 사용한다.

내가 바꾼 세상 : 많은 청소년들이 바다에 떠다니는 엄청난 양의 플라스틱 제품과 그것들이 해양 생물에 끼치는 폐해에 대해 눈을 뜨게 해 주었다.

가장 기쁜 일 : 모든 학생들이 재사용이 가능한 물병을 가지고 학교에 오는 모습을 보는 게 좋다! 시내를 걸어 다닐 때 우리 모두 스테인리스 물병을 가지고 다니는데, 이 자체로 우리를 보는 사람들에게 환경보호를 위한 메시지가 된다. 게다가 부모님께서도 나머지 가족들을 위해 그런 물병을 어디서 살 수 있는지 물었다!

가장 자랑스러운 일 : 프랭크 피트 교장 선생님이 무척 자랑스럽다. 그분은 용감하게도 이 운동을 실천에 옮기셨고 우리 학교를 지역 전체의 모델로 만드셨다!

부모님의 역할 : 무척 이해심이 깊으셔서 내가 매번 새로운 목표에 도달할 수 있도록 도와주신다.

충고 : 작은 일부터 시작하라. 그리고 가족과 친구들 그다음에 당신이 다니는 학교 전체가 관심을 갖도록 하라. 당신이 해결책을 제시하려는 문제에 대해 잘 설명하기 위해서는 문제에 대한 정확한 사실과 수치를 모아라.

앞으로 하고자 하는 일 : 내가 만든 인터넷 사이트를 통해 청소년들에게 계속해서 환경문제에 관심을 갖게 만드는 것.

식물 순찰대로 생태계 침략 식물들을 체포한다

에릭 밥
2007년 당시 11세
미국
유타주

상황

식물의 씨앗은 때로 아주 멀리 퍼져 심지어 한 대륙에서 다른 대륙으로 옮겨 가기도 한다. 만일 씨앗들이 도착한 곳에서 번식하기에 좋은 조건을 만나게 된다면, 식물들은 생태계를 침해할 수도 있다.

이집트 나일강의 수생 히아신스 때문에 갇혀 버린 배들. 수생 히아신스는 생태 침략 식물종으로서 매우 빨리 번식하여 수면을 덮어 버리고 다른 식물들이 자라는 것을 방해한다.

외계에서 온 침략자들을 만나는 것은 공상과학 소설책에서만은 아니다. 에릭은 집에서 멀지 않은 자연 공원을 산책하다가 오솔길 가장자리에서 그것과 마주쳤다! 물론 그것은 하나의 식물에 지나지 않았다. 그러나 침략 식물은 토종 식물에 커다란 위험이 된다. 번식력이 강해 토종 식물의 자리를 빼앗을 수 있기 때문이다. 에릭이 발견한 식물에 대해 어느 박물학자가 이렇게 설명해 주었다. 커다란 잎을 가진 줄기식물로서 다른 곳에서 온 노란 꽃의 일종인데, 생태계 침략자이며 나아가 토종 야생동물에게는 유해한 식물이다! 자연과 동물을 사랑하는 에릭은 반격을 하기로 결심했다. 그러나 혼자서는 역부족이었다. 몽땅 뿌리를 뽑으려면 응원군이 필요했다! 그래서 에릭은 식물 순찰대를 조직하고, 가장 위험한 생태계 침략 식물에 대한 조사를 상세하게 했다.

그다음에 학교, 지역의 연례 축제, 스카우트 단 그리고 지역 종교단체 등의 여러 단체에서 강연을 했다. 강연에서 생태계 침략 식물들을 왜, 그리고 어떻게 제거해야 하는지 설명했다. 그리고 식물 순찰대와 함께 하루 만에 100명 이상의 사람들을 모아 침략 식물들을 뽑아 버리고 그 자리에 토종 풀씨와 꽃씨를 뿌리고 심었다. 미리 토양을 점령하고 있으면 생태 침략 식물들이 돌아오는 것을 막을 수 있다. 절대 안 되고말고!

목표 / 생태 침략 식물들을 제거하라

방법 : 생태 침략 식물들을 뽑아 없앤다.

내가 바꾼 세상 : 2,200명 이상의 사람들이 생태 침략 생물의 문제점에 관심을 갖게 되었다. 그리고 함께 3,700시간 이상 침략 식물들을 뽑았다.

가장 기쁜 일 : 여러 해 전에 내가 침략 식물들을 뽑아 버린 곳에서 점점 그런 식물이 안 보일 때. 그러면 정말로 내가 뭔가 바꾸었다는 느낌이 든다. 물론 내 계획이 전 세계에 영향력을 미치지는 못했지만 그래도 아주 작은 구석이나마 더 낫게 만들었다.

가장 자랑스러운 일 : 생태계 침략 식물들이 자연에 위협이 된다는 것을 전혀 몰랐다가 내 덕분에 알게 된 사람들의 수가 늘어난 일.

친구들의 평가 : 많은 친구들이 식물 순찰대 활동에 참여하여 나를 도왔다. 작년에는 심지어 반 전체가 순찰대 활동을 위해 출동하기도 했다.

충고 : 그저 주변을 돌아보라. 그리고 지역에서 문제가 되는 것을 찾아라. 만일 모두가 자기 집 주변에서 작은 문제점을 찾아내 맡아서 해결한다면, 문제들은 점점 줄어들 것이다!

앞으로 하고자 하는 일 : 위험한 침략 식물들을 알리기 위해 블로그를 개설하여 활동을 계속할 것이다.

ÉRIC BABB

아누프 라히 샬리즈
2010년 당시 15세
네팔

우리가 믿는 종교에서는 보리수나무를 심는 것이 신성한 행위이다

상황

힌두교를 믿는 네팔에서는 보리수나무(혹은 파고다 무화과나무)가 존중과 경배를 받는다. 보리수나무는 자연의 질서에 있어서도 중요하고, 나무에 신들이 깃들어 있다고 믿기 때문이다.

어떻게 해서 신성한 나무를 심어야 한다고 생각했니?

기후 변화는 현재 중요한 문제입니다. 세상 사람들 모두 지구온난화가 무엇 때문에 일어나는지, 그것이 왜 심각한 문제인지 그리고 그것을 막기 위해 어떻게 행동해야 하는지 알아야 해요. 그러나 네팔 사람들은 그런 것과는 거리가 멀어요! 대부분의 네팔 사람들은 가난하고 교육을 못 받았기 때문에, 그들에게 이런 문제는 너무 복잡하답니다. 심지어 공부를 한 사람들조차도 간혹 이해를 못 하더군요!

그런데도 어떻게 그 사람들이 기후 온난화를 막기 위한 행동을 할 수 있게 이끌었지?

사람들에게 거창한 과학적 설명을 하는 대신, 그 사람들이 알아들을 수 있는 종교적 언어로 이야기했어요.

남아메리카에 위치한 기아나의 카우산에 핀 분홍색 흑단.
아마존 숲에서는 1헥타르 안에 서로 다른 나무 종류가 무려 300종이나 발견된다.

나무들은 성장하면서
온실효과를 일으키는 가스를 흡수하는데,
온실효과가 바로 기후 온난화를 일으킨다.

ANUP CHALISE

바로 보리수나무를 심어 기후 온난화를 막자고 제안했지요. 보리수나무는 우리 종교에서 신성한 나무이고 더구나 공기와 물을 정화하는 유용한 나무예요. 네팔 사람들에게 그 나무는 비슈누 신*의 화신이기 때문에 사람들은 그 나무를 존중하거든요.

보리수나무 심기 캠페인을 하기 위해 넌 어떻게 했니?
지역의 자연보호 단체에 홍보 운동을 조직하고 널리 알릴 수 있게 도와 달라고 했어요. 라디오로도 방송하고, 청소년 단체와 학교를 움직였고, 과학자들에게 나무의 유용성에 대해 설명해 달라고 했답니다. 2010년 세계 환경의 날**에 첫 번째 보리수나무들을 심었어요. 그 뒤 우리 계획에서 아이디어를 얻은 여러 단체들이 네팔의 다른 지역에서도 같은 일을 하고 있습니다!

www.ficusreligiosaanup.yolasite.com

* 우주의 유지자, 보존자로서 세계 질서를 유지하는 신.
** 1972년 스웨덴 스톡홀름에서 열린 유엔총회에서 제정된 날로 매해 6월 5일이다.

목표 / 나무를 심어라

방법 : 성스런 보리수나무 심기 캠페인을 대대적으로 벌인다.

내가 바꾼 세상 : 2010년 200그루의 보리수나무를 심었고, 수백 명의 자원봉사자들 덕분에 2011년에는 2,000그루를 심었다.

가장 큰 실수 : 처음에 나는 그 계획을 혼자서 하려고 했지만, 성공하지 못했다. 내가 너무 어렸기 때문에 사람들의 관심을 끌지 못했다. 심지어 가족들조차 내 생각을 진심으로 믿어 주지 않았다. 그러다 반도바스타 협회 와 미디어의 도움으로 모든 것이 실현되었다! 나는 팀을 이루어 하는 일의 중요성을 깨달았다.

충고 : 먼저 행동하세요. 행동이 말보다 더 설득력이 있습니다.

가장 기쁜 일 : 2010년 내가 사는 지역인 포카라에서 시작한 작은 활동이 2011년에는 네팔 14개 지역에 걸쳐 벌어지는 대대적인 활동이 되었다!

가장 자랑스러운 일 : 예전에 다른 계획들은 성공하지 못했는데, 이 운동으로 네팔 주민들이 기후 온난화를 막도록 하는 데에 성공한 일.

부모님의 역할 : 내 활동을 알리는 데에 도움을 주셨다.

친구들의 평가 : 친구들은 감명을 받았다!

앞으로 하고자 하는 일 : 아이들이 나무와 자연을 보호하도록 내가 사는 도시에 있는 여러 학교에서 내가 그린 그림 전시회를 열려고 한다.

• 문화를 보존하고 농작물 및 동식물 종의 다양성 보존을 위해 1995년에 설립된 협회.

치얼 치우
중학생
중국
상하이

숲을 구하려면 우리가 만든 재활용이 가능한 젓가락을 사세요!

목표 / 산림 황폐화를 막아라

방법 : 대중의 공감 얻기와 재사용이 가능한 젓가락 판매.

내가 바꾼 세상 : 일회용 나무젓가락을 더 이상 사용하지 않게 3,000명 정도의 사람들을 설득한 일.

앞으로 하고자 하는 일 : 다른 청소년들을 교육하여 우리가 벌이는 운동에 참여시키고, 중국 다른 지방으로 가서 우리의 메시지를 보다 더 널리 퍼뜨리고자 한다.

"중국에서는 음식을 젓가락으로 먹는다. 그런데 수백만 명의 사람들이 일회용 젓가락을 사용하고 있다. 편리해서 사용하겠지만, 환경과 우리의 건강에 영향을 미치지 않을 수 없다! 일회용 젓가락은 나무나 대나무로 만든다. 하루에 1억 3천만 벌의 일회용 젓가락이 만들어진다. 그러기 위해서 매일 40헥타르의 숲(축구장 55개와 맞먹는)을 벌목한다. 겨우 몇 분 만에 수많은 양의 목재들이 허비되는 것이다. 중국에서 산림의 황폐화는 심각한 문제다. 일회용 젓가락을 사용하는 습관이 그 문제를 더욱 악화시키고 있다. 게다가 일회용 젓가락은 건강에도 좋지 않다. 젓가락을 더욱 매끈하게 만들기 위해 제조업자들이 인체에 유해한 화학물질을 사용하기 때문이다."
이 내용은 치얼과 4명의 친구들이 학교, 전시회 그리고 행사장에서 발표할 때 설명하는 내용이다. 그러나 확실한 수치들을 가지고 사람들을 설득하는 것으로는 충분치가 않다.

중국의 만리장성. 성곽의 길이는 6,700킬로미터이다.

QIER QIU

상황

숲의 나무들을 베면, 토양을 지탱해 주고 빗물이 땅속으로 스며들게 해 주는 나무뿌리들이 사라진다.

습관 역시 바꾸어야 한다. 대중이 한 걸음 더 나아갈 수 있도록 하기 위해, 치얼과 그 친구들은 매번 발표가 끝날 때마다 건강에 더욱 좋고 환경 친화적이며 재사용이 가능한 식기들을 제안한다. 학생들이 그것을 구입해 사용하게 되면 일회용 나무젓가락을 사용하는 습관을 버릴 수 있다. 재사용 젓가락을 살 능력이 되지 않는 학생들에게는 작은 혜택(즉 할인 판매)을 주어 돈이 모자란 학생들도 똑같은 식기를 구할 수 있도록 했다.

아프리카 케냐에 있는
메루국립공원의 코끼리들.

올리비아 불러
2010년 당시 11세
미국
뉴욕주
아이슬립

나는 붓으로 새들을 구했어요

상황

2010년 4월 20일, 멕시코만에서 석유시추선이 폭발하면서 미국에 엄청난 검은 기름 파도가 몰려든다.

여러분이 휴가를 즐기는 해변, 파도, 바위들, 새들을 상상해 보세요. 그 모든 것이 온통 끈적거리는 검은 기름으로 뒤덮인 모습을. 올리비아에게 바로 그런 일이 닥쳤다. 해마다 할아버지, 할머니를 보러 가는 앨라배마 바다를 검은 기름띠가 뒤덮어 버린 것이었다. 그런 재앙을 겪게 되자, 올리비아는 주저앉고 말았다. "나는 그때가 새들이 짝짓기할 시기라는 것을 알고 있었어요. 새들에게는 너무도 부당한 일이었죠! 그래서 나는 울기 시작했어요."

그렇지만 올리비아는 재빠르게 대처했다. "아무것도 하지 않고 그렇게 바라보고 있을 수만은 없었어요!" 그래서 올리비아는 자신이 가장 잘할 수 있는 일, 즉 그림을 그리기로 결심했다.

물론 새를 그리는 것이었다. 언제나 올리비아를 감탄케 하는 그 새들을. "나는 새들이 날개 아래에 두 개의 큼직한 제트엔진을 달지 않고서도 어떻게 날 수 있는지 항상 궁금했답니다!"

● 오일 샌드, 타르 샌드, 모래 유전이라고 한다. 모래, 물과 함께 유기물에서 생긴 역청질 물질을 포함하고 있다. 역청은 석유를 정제하고 나서 얻어지는 고체나 반고체의 검은색이나 흑갈색 탄화수소 화합물을 말한다. 역청사에는 일반적으로 역청질 물질이 11% 들어 있고, 이 중에 원유는 50~60% 포함되어 있다.

캐나다에서 역청사*를 채취하면서 발생한 원유 찌꺼기를 모아 놓은 인공 늪. 역청사에는 원유가 함유되어 있으나 거기에서 원유를 추출하는 일은 엄청나게 환경을 오염시킨다.

나는 그때가 새들이 짝짓기할
시기라는 것을 알고 있었어요.
새들에게는 너무도 부당한 일이었죠!

OLIVIA BOULER

OLIVIA BOULER

올리비아는 직접 규모가 큰 자연환경보호 단체에 편지를 써서, 자신이 그린 수채화를 팔아 모금을 하겠다고 했다. 그렇게 해서 500달러 정도를 모을 생각이었는데, 뜻밖의 성공이 올리비아를 기다리고 있었다.

신문과 인터넷 덕분에 올리비아의 제안은 빠르게 전 세계에 알려졌다! 사방에서 기부금이 쏟아졌고, 올리비아의 엄마는 이메일에 파묻혔다. 그래서 올리비아는 그림을 그리고, 또 그리고, 또 그렸다. 올리비아가 그린 그림들의 일부는 현재 올리비아가 쓴 책에 수록되어 있다.

그림을 판매해 모은 돈은 여전히 새들을 위해 쓰고 있다. 아직도 구해야 할 새들이 많기 때문이다. 더 많은 아이들이 새를 그릴 수만 있다면!

www.oliviabouler.net

목표 / 새들을 구하라

방법 : 기금을 모아라(사람들은 자연환경 보호 단체에 돈을 내고, 그 대신 올리비아가 그린 그림을 받는다).

내가 바꾼 세상 : 검은 파도로부터 새들을 보호하고, 자연을 깨끗이 씻어 내기 위해 20만 달러(약 2억 1천만 원)가 모금되었다.

앞으로 하고자 하는 일 : 순회 전시회와 몇몇 그림들을 경매에 붙여 팔려고 한다.

가장 자랑스러운 일 : 워싱턴 의회에 가서 의원들이 관심을 갖게 만든 일.

충고 : 누구나 세상을 바꿀 수 있다. 아이들도 마찬가지다. 내가 그 일을 했다면, 누구나 그 일을 할 수 있다는 것이다.

가장 기쁜 일 : 페이스북(멕시코만을 구하자: 올리비아가 그린 새의 그림들!)에서 받는 모든 메시지들이 무척이나 기쁘다. 팬이 3만 6백 명이 넘는다!

부모님의 역할 : 내 그림을 기부자에게 보내는 일과 메일에 답장을 보내는 일, 그리고 인터뷰 준비하는 일을 엄마가 맡아 주셨다.

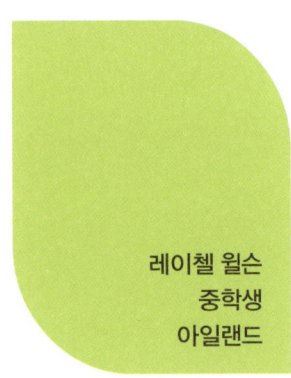

레이첼 윌슨
중학생
아일랜드

생각은 글로벌하게, 먹거리는 자기 고장에서!

목표 / "생각은 글로벌하게"(과일과 채소 운송에 따른 기후 온난화는 전 세계의 문제이므로), "먹거리는 자기 고장에서"(즉석에서 혹은 자기 고장에서 생산되는 채소를 먹는 것이 기후 온난화 해결책 중 하나이므로)라는 구호를 내세워 각자의 고장에서 생산되는 식품들의 이점에 대해 관심을 갖게 하라.

<u>방법</u> : 학교에 텃밭을 만들어라.

<u>내가 바꾼 세상</u> : 자신들이 직접 신선한 작물을 재배하고 소비하는 이점과 즐거움에 대해 전교생의 관심을 불러일으켰다.

식사를 할 때, 식탁에 오르는 음식들이 어디서 온 것인지 알까? 누가 그것을 생산했는지 말할 수 있을까? 우리가 사시사철 먹는 과일과 채소가 정상적으로는 어느 계절에 자라는지 알까? 대개 대답은 '모른다'이다.

레이첼과 친구들은 이 '모른다'라는 대답을 '안다'로 바꾸고, 학생들이 먹거리에 관심을 갖게 하자고 결심했다. 그러기 위해서는 직접 흙을 만지고, 씨를 뿌리고, 자라는 것을 보며, 수확을 하고, 요리하고, 맛보고, 즐겨 먹는 것보다 더 나은 방법은 아무것도 없다.

그래서 그들은 자신들이 다니는 학교와 인근에 있는 유치원에 텃밭을 만들었다. 그리고 '맛의 날'을 제정했는데, 이것은 수확을 하고 요리하는 과정, 유명 요리사와 함께 하는 시식 강의였다. 그들은 학교 구내식당 사람들까지 끌어들여, 구내식당에서는 가능한 한 매일 학교 텃밭에서 생산하는 재료들을 사용하기 시작했고 차림표에도 그런 사실을 써넣었다. 학교에서는 가장 큰 호박 경연 대회도 열었다. 또한 수집한 자

프랑스 이블린에 있는 교육 농장.

RACHEL WILSON

상황

여름에 딸기와 초록색 완두콩이 우리 집에서 자란다. 우리가 제철이 아닌 때에 먹는 과일과 채소는 더운 나라에서 재배되어 비행기로 실어 온 것들이다.

료들로 '집 안에서 기르는 모종 주머니'를 만들어 냈다. 이것은 아주 어린아이들이 집에서 몇 가지 채소들을 심어 보게 하기 위해 씨앗, 꼬리표, 모종 방법을 담은 주머니이다.

이런 활동들을 통해 그들은 학생에서 학부모에 이르기까지, 관리인에서 교장에 이르기까지 모든 사람들의 관심을 제 고장 생산물의 좋은 점에 쏠리게 했다. 제 고장 생산물은 더욱 신선하고 비타민이 풍부하기 때문에 건강에도 좋고, 에너지를 소비하며 오염을 일으키는 운송 과정이 줄어들기 때문에 지구 환경에도 좋다. 레이첼과 그 친구들에게 있어 이 모든 것은 한 문장으로 요약된다. 생각은 글로벌하게, 먹거리는 우리 고장에서라는.

나는 과학 연구를 위한 자료 수집을 했어요!

아냐 수슬로바
2003년 당시 13세
러시아
시베리아
지간스크

상황

북극은 기후 변화 때문에 세계에서 가장 빨리 따뜻해지는 지역이다.

2003년 4월, 국제 과학자 팀이 시베리아 레나강을 타고 탐사 중이었다.

그들은 기후 변화가 물이 흐르는 양과 물의 성분을 어떻게 변화시키는지를 연구하고자 했다. 탐사대의 이동을 위한 배에는 아냐도 타고 있었다. 아냐는 선장의 딸이었다. 비록 영어는 못 했지만, 과학자들이 자기 고장에 와서 하는 연구에 흥미를 느꼈다. 과학자들 중 한 명이 아냐에게 물 채취 작업을 하도록 했다. 아냐가 꼼꼼하게 일을 하자 탐사가 끝날 무렵 그 과학자는 아냐에게 스무 개 정도의 플라스크를 선물했다.

선물이란 참 묘한 것이다. 아냐는 결국 연구자들의 신뢰를 얻었다. 일 년 내내 탐사 현장에서 사는 아냐는 다음번 탐사 때까지 표본 수집 작업을 계속할 수 있었다. 그 뒤로도 겨울 내내 자료들을 수집할 수 있었다. 아냐는 아버지의 도움을 받아 한 달에 두 번 강에서 물을 채취하여, 미국 과학자들에게 플라스크를 보냈다. 아냐는 숙련된 과학자들이나 하는 그 현장 작업을 3년 동안 수행하여 과학 발전에 귀중한 기여를 했다.

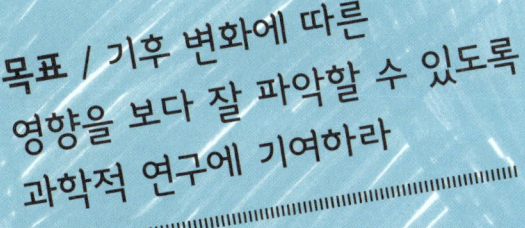

목표 / 기후 변화에 따른 영향을 보다 잘 파악할 수 있도록 과학적 연구에 기여하라

방법 : 물 채취 작업을 시행하라.

내가 바꾼 세상 : 3년 동안 내가 미국 과학자들에게 보낸 자료들 덕분에 과학자들은 기후 변화가 환경에 미치는 영향을 연구할 수 있었다.

ANYA SUSLOVA

아냐는 숙련된 과학자들이나 하는 그 현장 작업을 3년 동안 수행했다.

일단 과학자들의 분석을 거치자, 아냐가 수집한 자료들은 기후 변화에 따라 물의 양이 증가 혹은 감소하는 방식에 대해 중요한 정보를 제공해 주었다. 그러자 과학자들은 실험을 더 확대할 생각을 하게 되었다. 아냐와의 값진 협동 작업은 스튜던트 파트너즈 프로젝트의 시발점이 되었다. 이 프로그램은 시베리아의 학생들과 교사들이 북극에서의 기후 변화 영향에 대해 연구하는 과학자들을 도울 수 있게 하는 프로그램이다.

러시아 시베리아의 수르구트 부근 습지.
영구 동토층, 혹은 영구 동결층이란
항상 얼어 있는 지층을 가리킨다.
기후 온난화 때문에 그 지층의 두께가
빠른 속도로 줄어들고 있다.

ANYA SUSLOVA

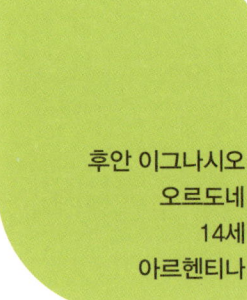

후안 이그나시오
오르도녜
14세
아르헨티나

목표 / 환경을 보호하는 지속적인 생활 방식을 추진하라

방법 : 사람들의 관심 유도.

내가 바꾼 세상 : 내가 살고 있는 지역의 많은 친구들과 아이들의 태도를 바꾸었다.

가장 자랑스러운 일 : 내가 속한 럭비 팀과 학교의 친구들 그리고 친지들에게 미친 긍정적인 영향. 내 노력 덕분에 그들 역시 좀 더 환경을 존중하게 되었다.

부모님의 역할 : 환경보호 일을 하시는 어머니는 당연히 나를 격려하신다. 아버지 역시 내가 하는 일을 무척 훌륭하다고 생각하신다.

친구들의 평가 : 친구들은 나를 지지하고 대부분은 내 경험에서 교훈을 얻어 자신들의 생활에 적용한다.

충고 : 길은 멀지만, 그 길에서 같은 길을 가는 수많은 사람들을 만날 것이고, 그들은 당신을 도울 준비가 되어 있다. 그리고 당신이 한 일의 결과를 보았을 때, 무척이나 행복하리라!

생활 방식을 환경보호에 맞추어야 할 때다

어떻게 환경보호 활동을 해야겠다고 생각했니?
어머니 덕분이죠! 항상 그렇듯이 어머니는 제게 환경을 존중하는 생활 방식을 보여 주셨어요. 집에서 쓰레기 분리를 하고, 물을 절약하고, 소비를 덜하려고 애쓰시거든요.

언제 환경보호를 위해 더 적극적으로 나서기 시작했니?
2008년에 청소년을 위한 유엔환경회의에 참석했었어요. 그 이전에도 이미 관여를 하고 있다고 생각했지만, 그 회의 이후에 정말로 내가 뭔가를 변화시킬 수 있다는 느낌을 받았답니다. 저는 환경보호 단체인 시빌 레드 암비엔탈(Civil Red Ambiental) 활동에 참여하기 시작했지요. 어머니가 그 단체의 의장이기도 하거든요. 그러니 함께 여러 프로젝트들을 하는 것이 더 쉬웠어요!

● 강이나 해안에 둑처럼 쌓이는 사주나 사취 따위가 만의 입구를 막아 바다와 분리되어 생긴 호수.
●● 1992년 브라질 리우데자이네루에서 개최된 리우-92 이후 10년마다 개최되고 있는 환경 관련 유엔정상회의로 리우+20은 2012년 6월에 열렸다.

우루과이 푼타 마그로 부근 석호* 위를 지나는 소 떼.

JUAN IGNACIO ORDÓNEZ

상황

1992년 브라질 리우데자네이루에서 채택된 의정서에 따르면, 지속 가능한 성장은 "현재 세대뿐만 아니라 미래 세대의 요구도 충족시킬 수 있도록 하는 것"이다.

혼자 이끌어 간 프로젝트도 있었니?

2011년에 제가 속한 럭비 팀을 위한 환경 계획을 제안했어요. 저 혼자 준비했지요. 목표는 환경보호를 위해 에너지와 물의 소비를 줄이고 쓰레기를 줄이듯 환경을 보호하기 위한 아이디어들을 모아 실천에 옮기는 것입니다.

앞으로는 무엇을 할 생각이니?

지금 환경 단체에서는 리우+20**을 준비하고 있는데, 무척 흥미가 있어요. 그래서 그 정상회의에 대해 좀 더 알고 싶고, 거기에 가고 싶어요! 그리고 무엇보다도 아이들과 청소년들의 의견을 그 회의 자리에서 알릴 수 있었으면 좋겠어요.

우리는 아스팔트로부터 이탄지를 구해 냈어요

마리아 오세나스
중학생
헝가리
부다페스트

목표 / 부다페스트의 마지막 이탄지와 천연 연못들을 구하라

방법 : 공감 얻기, 대중 여론 동원, 자연 공간의 복원.

내가 바꾼 세상 : 우리의 발의가 이탄 지역을 위협하던 도시 계획을 중단시키는 데 도움이 되었고, 수많은 사람들로 하여금 자신들이 살고 있는 지역 부근의 풍요로운 자연환경에 관심을 불러일으켰다.

• 습지의 일종으로 토탄이 퇴적하여 이루어진 땅이다. 얕은 호수나 늪 또는 해안 습지에서 갈대 따위의 식물이 조금 분해된 상태로 퇴적되면서 만들어진 토탄이 퇴적되어 쌓이는 속도는 천 년에 1미터 정도다.

예전에 다뉴브 강변은 습지와 이탄지로 이루어져 수많은 동식물들이 살았었다. 부다페스트 주위로 고속도로를 뚫기 위해, 시에서는 다뉴브 강변 일부를 파괴했다. 쇼핑센터를 짓기 위해 마리아가 다니는 학교 부근에 있던 몇 개의 연못까지도 메워 버렸다. 그리고 이제는 주차장 확장을 위해 습지까지도 희생시키자는 말이 나돌았다! 마리아와 친구들은 이번만은 용납할 수 없었다.

그들은 녹색지킴이(Green Guard)라는 모임을 만들어 행동에 들어갔다. 도시 계획에 맞선 네 명의 아이들은 아무것도 아닌 것 같았다. 그러나 녹색지킴이는 영리했다. 아이들은 이탄지를 구하기 위해 필요한 모든 사람들을 자기편으로 끌어들이기 시작했다. 생물학자와 함께 연못의 생태 환경 건강 상태를 살피고, 늪지의 전형적인 관목으로 외래 식물들에게 위협 당하는 비타민나무 숲을 측정했다. 환경보호 단체 및 거주민과 함께 반대 시위를 조직하고 탄원서에 서명을 받았다.

> **상황**
> 종의 다양성을 잃는다는 것, 그것은 식물과 동물의 많은 종들이 사라질 때이다.

그들은 또한 대중을 가르치기 위해 학자들이 마련한 발표회에도 참가했고, 나름대로 학교에서 발표회도 가졌으며, 이 탄지가 위협 받고 있는 지역에 안내 팻말을 세우기도 했다. 아이들은 미디어(신문, 라디오, 인터넷, 텔레비전)를 동원해 도시 전체의 관심이 위험에 처한 변두리 자연에 쏠리게 했다. 그리고 마침내, 학생들 그리고 학부모들과 함께 비타민나무의 수를 늘리기 위해 꺾꽂이로 나무를 다시 심었다.

녹색지킴이와 그들이 성공적으로 동원한 사람들 덕분에 도시 계획은 중단되었다. 이탄지가 아스팔트에 깔려 사라지지 않게 된 것이다!

MÁRIA OCSENÁS

노르웨이 소피오르드 고원에 있는 폴게폰(Folgefonn) 빙하. 지구에 존재하는 대부분의 빙하들처럼 폴게폰의 크기도 기후 온난화 때문에 점점 줄어들고 있다.

타오 고시에망
12세
보츠와나

지구를 위한 나의 활동:
여러 학교와 함께 나무 심기 운동을 벌이고, 모기장을 배포하여 말라리아 퇴치 운동에 참가했다. 이러한 활동들은 환경보호와 모든 사람들의 건강 증진을 위한 청소년 자원봉사 단체인 세계 청소년 연맹 보츠와나 지부에서 진행했다.

TAO KGOSIEMANG

크리스티안
마그누스 오이엔
12세
노르웨이

지구를 위한 나의 활동 :
나는 집에서나 학교에서나 한 번 쓴 종이를 다시 쓰고 재활용한다. 학교 운동장, 놀이터에 나뒹구는 쓰레기를 주워 쓰레기통에 버린다. 그리고 자연을 좀 더 잘 알기 위해 가능한 한 자연 속에서 산책을 한다. 걸어서 혹은 스키를 타고 눈 속을 누비는 것을 좋아한다.

누르 엘-모프티
13세
레바논

지구를 위한 나의 활동 :
여섯 살 때, 집에서 폐품을 재활용해 다른 물건들을 만들곤 했다. 지금은 사와 협회(SAWA 개발협회)의 회원이며, 그 단체의 환경보호 운동 특히 나무 심기 운동에 참여하고 있다. 우리는 주로 침엽수들을 심는다. 서양삼나무가 레바논을 상징하기 때문이다. 우리는 나무가 별로 없는 지역에 집중하고 있다. 현재까지 4만 그루 정도의 나무를 심었지만 훨씬 더 많은 나무를 심을 생각이다! 사와는 또한 레바논 아이들의 인권을 보호하기 위한 활동도 하고 있다. 우리는 이 운동에 사람들의 관심을 불러일으키기 위해 벽화를 그리기도 했다.

NOUR EL-MOFTI

무언가를 주장하려면, 그것을 들려줘야 한다

타케야 블래니
2010년 당시 9세
캐나다
밴쿠버

상황

자동차를 움직이는 휘발유를 만들기 위해서는 원유가 필요하다. 원유는 바다에서는 원유 수송선을 이용해 운반되고 지상에서는 송유관을 이용해 운반된다.

"무언가를 주장하려면, 그것을 들려줘야 한다."

이것이 바로 타케야의 좌우명이다. 그래서 타케야는 자신이 생각하는 바를 큰 소리로 말하는 것을 두려워하지 않는다. 나아가 그걸 노래하는 것까지도. 그래서 타케야는 음악 선생님의 도움을 받아 자신이 쓴 글을 〈얕은 강 Shallow Waters〉이라는 노래로 만들었고, 여러 행사에 나가 그 노래를 불렀다. 타케야가 부른 노래는 2011년 2월 이후 인터넷에서 65,000번 이상 조회되었다.

그런데 타케야는 그 노래에서 무엇을 말하고 있을까? 타케야는 원유를 나르기 위해 자신이 사는 나라를 가로지르고, 조상들의 땅 위를 거쳐 잘 보존된 야생 숲의 한복판에까지 파고들어 세워질 송유관●에 대해 말하고 있다. 검은 파도가 어떻게 강변과 동물들을 파괴하는지, 그래서 결국 자신의 민족인 캐나다 서부 인디언 틀라민 부족의 전통은 오로지 침묵만이 남게 될 것이라고 이야기한다.

"제 노래가 캐나다 정치가들과 전 세계 사람들에게 제 메시지를 전해주었으면 해요. 원유 때문에 오염될 수 있으므로 송유관을 놓지 말아야 하며, 바다에서는 원유 수송선 항해를 중단해야 한다는 메시지를 말이죠."

● 원유를 아주 먼 거리까지 운반하는 데에 쓰이는 굵은 관.

캐나다 퀘벡 시, 샤를르부아 지역의 가을 숲.

송유관과 오고가는 원유 수송선이
사람들에게 일자리를 마련해 줄 수도 있겠지요.
그러나 만일 사고가 발생해서 검은 파도가 인다면,
그 때문에 다른 사람들이 실업자가 되고
모든 야생 생물이 죽을 거예요.

TA'KAIYA BLANEY

자신의 주장을 사람들에게 알리고, 또한 그 가능성을 더욱 높이기 위해 타케야는 캐나다 모든 국회의원들에게 편지를 써서 자신의 불안을 함께 느끼게 만들었다. 그리고 엄마와 함께 밴쿠버로 갔다. 타케야는 송유관을 놓으려고 하는 석유 회사인 인브리지 회사 앞에서 회사 책임자들에게 편지를 전하고자 했다. 그러나 사람들은 편지 전달을 막았다. "그 사람들은 왜 저를 두려워하는지 모르겠어요! 전 그저 그 사람들이 제가 하려는 말에 귀를 기울여 주었으면 했을 뿐이에요." 어쩌면 단순히 타케야가 노래하는 그 진실 때문에 그 사람들이 두려워하는 것은 아닐까?

전 그저 그 사람들이 제가 하려는 말에 귀를 기울여 주었으면 했을 뿐이에요.

TA'KAIYA BLANEY

www.takaiyablaney.com

목표 / 송유관 건설을 막아라

방법 : 정치가, 내 나라 국민, 전 세계 사람들의 관심을 끌어라.

내가 바꾼 세상 : 내 행동으로 사람들에게 문제를 알렸고, 송유관에 대해 안 된다고 말하는 사람들의 수를 늘렸다.

가장 영웅적인 행동 : 캘거리에서 열리는 인브리지 회사 연례 총회에 가서 의장인 패트릭 다니엘 씨에게 많은 사람이 반대하는데, 왜 송유관 건설을 고집하는지 물었던 일.

충고 : 환경을 구하기 위해서는 사소한 일에서부터 거창한 일까지 할 수 있는 모든 일을 다 하라.

가장 기쁜 일 : 사람들이 내 메시지를 듣는 일, 또 내 메시지가 사람들로 하여금 환경문제를 생각하게 만든 일.

가장 자랑스러운 일 : 노랫말을 쓰자는 생각이 들었을 때, 나는 내가 수많은 행사에 참여하는 날이 오리라고는 상상조차 하지 못했다. 그런데 심지어 인도네시아에서 열리는 회의장에까지 참가하게 되다니……. 나는 내가 거쳐 온 그 모든 과정이 무척 자랑스럽다!

부모님의 역할 : 내가 가야 하는 곳에 데려다 주셨고, 약속 일정을 잡아 주셨으며, 연설을 준비하고 노래를 부를 때마다 도와주셨다.

친구들의 평가 : 어떤 친구들은 나를 지지하지 않는다. 그러나 나랑 비슷한 두 명의 좋은 친구들이 있는데, 걔들 역시 나름대로 환경보호 운동을 하고 있다.

앞으로 하고자 하는 일 : 캐나다 초기 국민들, 즉 인디언들을 만나 인디언 아이들과 이야기 나누는 것. 나는 그 아이들의 대변인이 되어 2012년 리우데자네이루에서 열리는 지구정상회의에 참가할 것이다. 그래서 국가 지도자들에게 세상을 다스리는 방식을 바꾸라고 설득하려고 한다.

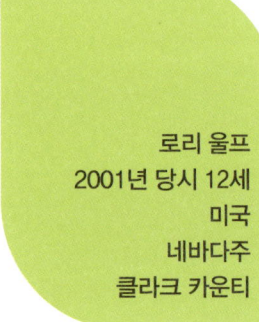

로리 울프
2001년 당시 12세
미국
네바다주
클라크 카운티

목표 / 동물들을 보호하라

방법 : 청원.

내가 바꾼 세상 : 내가 속한 교육청에서는 25만 명의 학생들에게 생물학 시간에 동물 해부를 거부할 수 있는 선택권을 주는 새로운 정책을 시행하고 있다. 그 이후 동물들의 생명을 보호하고자 하는 모든 학생들은 그렇게 할 수 있다.

꼭 해부를 해야만 동물에 대해 알 수 있는 것은 아니다!

동물 해부를 한다고? 로리에게는 생각조차 할 수 없는 일이었다. 개구리도, 지렁이 한 마리 조차도. 로리가 중학교 1학년 때, 어느 날 생물 시간에 지렁이를 대하게 되었다. 해부를 하기 위해 메스를 쥘 수 없었던 로리는 선생님에게 실습에서 제외시켜 달라고 요청했다. 실습은 생물학의 필수 과목이었다. 그 결과, 언제나 열심이었고 좋은 점수만 받던 로리는 지렁이 해부를 거부해서 C학점을 받았다. "동물을 갈기갈기 찢어 놓는다고 해서 동물에 대해 뭘 아는 것은 아니죠!" 로리는 스스로를 변호했다. "자연과학을 배울 수 있는 다른 방법들이 많은데도 동물을 죽이는 일부터 시작하는 것은 쓸데없는 일이에요!"

자신의 결심을 키워 가는 동안 로리는 중학교 3학년이 되었다. 그때 로리는 같은 반 친구들에게 청원서에 서명을 하게 하고, 2001년 12월 청원서를 클라크 카운

소과(科)의 리추에 영양은 습지대의 대표적인 영양이다. 아프리카 보츠와나의 오카방고 삼각주에는 리추에들이 많이 산다.

> **상황**
> 자연과학 시간에 동물을 절개(대개는 개구리)하는 것은 그 신체 구조를 확인하고 알기 위한 것이다.

티 교육청(당시 270여 개의 중고등학교를 관리했고, 로리가 다니는 학교도 관리했다.)에 제출했다. 로리는 학생들을 위해 학생들에게 해부를 할지 안 할지 선택할 수 있는 권리를 달라고 교육청에 요청했다.

4개월 후, 클라크 카운티 교육청에는 새로운 규정이 생겼다. 그 후 학생은 해부를 거부할 수 있고, 거부한 학생은 CD-ROM이나 비디오로 실습을 대신할 수 있게 되었다.

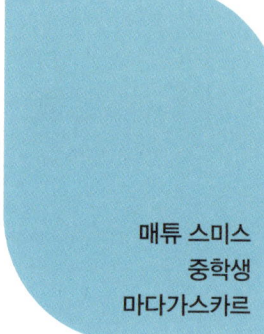

매튜 스미스
중학생
마다가스카르

우리는 연극으로 바다를 보호한다

목표 / 마다가스카르 해양 생물의 다양성(바다와 바다에 사는 동물들)을 보존하라

방법 : 대중의 공감 얻기.

내가 바꾼 세상 : 우리의 활동은 마다가스카르 지역사회, 특히 청소년들에게 환경의 중요성과 그것을 보호할 필요성에 대해 교육하고 동기를 부여하는 데에 도움이 되었다.

앞으로 하고자 하는 일 : 환경 감시대를 조직하여 우리의 선전 활동을 강화하고, 다른 청소년들로 하여금 환경을 더욱 존중하는 행동을 하도록 방법들을 마련하고자 한다.

시내 한복판에 듀공●이 나타난다고? 게다가 사람들에게 말을 하는 듀공?

이것은 환각이 아니라, 매튜와 그의 친구 스카우트들이 안트시라나나●●주민들에게 바다와 해양 자원들이 위험에 처해 있으며 따라서 그것들을 돌봐야 한다는 것을 설명하기 위해 만든 단막극들 중 하나이다.

안트시라나나 스카우트들은 마다가스카르 지역사회와 함께 일하는 환경보호 단체 C3의 도움을 받아 캠페인을 벌였다. 그들은 짧은 연극을 구상했고, 특히 가장 위협 받고 있는 듀공을 무대에 올려 유머와 창의성을 발휘, 사람들에게 경각심을 불어넣었다. 시에서 공공 행사가 벌어질 때마다 작은 극단은 무대에 오름으로써 시청의 지원을 받았고, 초·중학교에서는 어린이들과 청소년들에게 해양 환경을 보호하는 일의 중요성을 설명했다.

● 인도양에 사는 바다소(해우)의 종류.
●● 마다가스카르 북쪽 끝에 자리 잡은 도시.

북아메리카 카리브해 동쪽에 위치한 도미니카 공화국 사마나만의 고래.

MATTHEW SMITH

상황

듀공은 마다가스카르의 생물 다양성을 상징한다. 그러나 그 풍요로움이 인간의 행동 때문에 위협 받고 있다.

홍보를 보다 완벽하게 하기 위해 스카우트들은 공예실 활용, 창작 활동 그리고 교육을 제안한다. 이를 위해 그들은 안트 시라나나 대학에 '해양 자원 센터'라는 자료실을 열어 더 많은 것을 알고자 하는 청소년들에게 개방하고 있다.

이러한 해양 생물의 다양성 홍보 활동은 시작에 지나지 않는다. 그들은 더 나아가 스카우트-환경 감시대로 이루어진 마다가스카르 생물 다양성을 감시하는 전담반을 설립할 생각이다. 그들은 그 구성원들을 교육하고 그들에게 메시지를 전달하는 기술을 가르치려고 한다. 물론 방식은 연극을 통해서다.

내 목소리는 모든 청소년들의 목소리입니다

유그라트나 스리바스타바
13세
인도 북부
우타르프라데시주

상황

인도에서 기후 온난화 현상은 기근, 식수 부족 그리고 새로운 전염병을 일으킬 수 있다.

단상에 선 유그라트나는 고개를 꼿꼿이 세우고 힘차고 단호한 목소리로 말한다.

소녀는 기후 온난화 문제 앞에서 사람들이 대책 없이 손을 놓고 있는 것이 걱정된다고 설명했다. 그리고 지구의 기후를 구하고 미래 세대에게 건강한 지구를 물려주기 위해 여러 가지 지시를 내리기도 하고 권하기도 했다. 대체 소녀는 누구에게 말한 것일까? 미합중국 대통령, 중국 당 서기장, 프랑스 대통령을 포함하여 전 세계 100여 개국의 정상들에게 한 말이었다! 2009년 9월 당시 뉴욕의 유엔 정상회담에서는 기후 변화에 관한 논의가 이루어지고 있었다. 이제껏 유엔 회의장 단상에 그토록 어린 연사가 섰던 적은 없었다!

유그라트나는 전혀 주눅 들지 않았다. 소녀는 청소년들의 목소리를 대변했고, 현재 지구 인구 중 30억을 차지하는 아이들과 청소년들의 이름으로 연설을 한 것이다.

유그라트나는 연설과 큰 회의에 익숙했다. 인도와 전 세계 곳곳에서 열리는 발표회의에 참석하여 환경보호와 기후 변화에 대해 발언을 한다. 2008년부터 2010년까지 유엔환경계획 주니어 심의회 회원이자, '지구를 위해 나무를 심자' 캠페인의 부의장, 인도 환경보호 단체인 타루미트라의 대사로 활약하며 장관과도 같은 일정을 소화하고 있다! 그래서일까. 유그라트나는 환경문제를 해결하기 위해서는 정치적인 결단이 필요하다고 확신하고 있다!

목표 / 환경을 존중하는 생활 방식을 권장하라

방법 : 회의에서 대중의 공감을 얻어라.

내가 바꾼 세상 : 아홉 살 때, 내가 다니는 학교는 타루미트라 협회와 결연을 했고 그때부터 환경보호에 참여하기 시작했다. 그 이후 나는 많은 어린이들이 다음 세대에게 물려줄 지구에 대해 생각을 하고, 상황을 개선하기 위해 싸우도록 동기를 부여했다.

가장 자랑스러운 일 : 세계의 지도자들에게 어린 세대들의 목소리를 들려주었다는 것.

가장 영웅적인 행동 : 유엔총회에서 100명의 세계 정상들 앞에 서서 연설을 했을 때다. 이제까지 그런 연설을 한 사람들 중에 내가 최연소였다!

부모님의 역할 : 내가 하고자 한 모든 일을 항상 지지해 주셨다.

친구들의 평가 : 친구들은 나를 지지하고, 나로 인해 행복하다!

충고 : 지구의 미래를 위해 무엇인가를 원할 때는, 어렸을 때 너무도 원하는 것을 위해 한없이 투정 부릴 때만큼이나 고집스러워야 한다!

앞으로 하고자 하는 일 : '지구를 위해 나무를 심자' 운동과 함께 예고한 것처럼 인도에 2억 그루의 나무를 심는 꿈을 꾼다. 그리고 나중에 내가 직접 환경단체를 설립하는 것이다.

● 통북투 부근 나이저강의 카누.
나이저강의 길이는 4,300킬로미터로
9개 국가를 지나고 있다.
1억 1천만 명가량의 사람들이
이 강변에서 살고 있다.

● 아프리카 서부에 위치한 말리의 도시.
사하라 사막을 가로지르는 중요한 대상로였다.

YUGRATNA SRIVASTAVA

루줄 자파르드
2007년 당시 13세
미국
뉴저지주
플레인스보로

누구나 물을 마실 권리가 있다

상황

전 세계의 7명 중 1명은 마실 물이 없다. 그리고 해마다 140만 명의 아이들이 더러운 물 때문에 질병으로 죽어 가고 있다.

우 물을 판다는 생각은 어떻게 하게 되었니?

2007년 1월 저는 친지들을 만나러 인도로 갔고, 시골 마을인 파라를 방문했어요. 거기서 저는 식수가 없어서 여자들이 하루에 두 번씩 몇 킬로미터나 걸어가 물을 구해 와야 한다는 사실을 알게 되었습니다. 그것도 깨끗하지도 않은 물을! 저로서는 사람들이 어떻게 그렇게 살 수 있는지 상상조차 할 수 없었어요. 물은 모든 인간들이 누려야 할 권리잖아요. 거기서 저는 인도 마을에 마실 수 있는 물을 대 주자고 결심했어요.

그래서 어떻게 그 일을 했니?

돌아와서 저는 제 계획을 친구인 케빈에게 알렸어요. 그리고 알아보니까 그 마을에 우물 하나를 파려면 800유로(약 115만 원)가 필요하더라고요. 우리는 쿠키를 팔고, 세차를 하고 기부를 받기 위해 집집마다 방문했죠. 그렇게 해서 8개월 만에 그 돈을 모을 수 있었어요. 현지에 있는 친구들이 도와줘서 우리는 현지 회사를 접촉할 수 있었고, 12월에 첫 번째 우물을 팔 수 있었어요. 지금 파라에는 물이 나와요!

인도 라자스탄주의 쿠디알라 부근 우물에서 물을 긷는 여자들.

우리는 쿠키를 팔고, 세차를 해서
8개월 만에 그 돈을 모을 수 있었어요.
12월에 우물이 완공돼서
파라에는 물이 나와요!

RUJUL ZAPARDE

네 활동이 어떻게 그렇게 규모가 커졌지?

우물 하나를 파는 데 성공했으니, 더 만들어 다른 마을들도 도울 수 있겠다 생각했어요! 우리는 '인도를 위한 식수'라는 단체를 만들고, 여러 학교에서 발표회를 열어 인도의 물 부족과 빈곤을 설명했죠. 그때 미국 내 서른 개 정도의 학교에서 600명 정도의 학생들이 호응을 해서 우리가 새로운 우물을 만들 수 있도록 기금을 모으는 걸 도와주었어요.

목표 / 인도의 가난한 마을에 식수를 보내라

방법 : 모금과 우물 건설.

내가 바꾼 세상 : 4년도 채 되지 않아서 47개의 우물을 만들었고, 이로써 8만 명에 달하는 마을 사람들의 생활이 바뀌었다. 그리고 5개의 우물을 만들고 있는 중이다.

부모님의 역할 : 처음에 부모님은 믿지 않으셨다. 인도와 같은 나라에서 그런 일이 진행되리라고는 생각하지 않으셨다. 지금은 내가 부모님 눈을 뜨게 해 주었다며 나를 격려하신다!

가장 기쁜 일 : 새 우물에서 맑은 물이 흐르기 시작했을 때 마을 사람들의 얼굴에 기쁨과 미소가 떠오르는 것을 보는 일.

가장 큰 실수 : 처음에 학교 학생들을 끌어들이려고 할 때 교장 선생님들을 접촉했었다. 그러나 교장 선생님들은 자기 학교 학생들이 우리 프로젝트 때문에 공부에 집중하지 못한다고 생각했는지 정보를 제대로 전해 주지 않았다. 그래서 학교에 이미 있는 동아리 담당자들에게 알렸다. 그게 훨씬 더 효과가 있었다!

충고 : 아무리 사소한 행동이라 해도 중요하다. 작은 걸음으로 조금씩 움직이는 것이 세계적인 차원에서 보면 대단하지 않은 것처럼 보일지 모르지만, 그래도 가치가 있고 세상을 변화시키는 데에 도움이 된다.

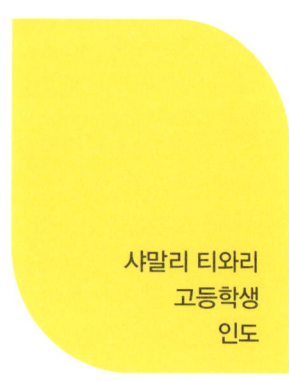

샤말리 티와리
고등학생
인도

우리 학교에서는 지렁이가 쓰레기를 처리해요

목표 / 쓰레기 분해를 촉진하라

방법 : 학교에서 지렁이를 이용한 퇴비 만들기 실시.

내가 바꾼 세상 : 우리 학교에서는 매일 2kg의 퇴비를 만들어 낸다. 3년 만에 지렁이를 이용한 퇴비 만들기 캠페인에 26개 학교가 동참했다. 학교 전체, 마을 주민들, 여성 단체들이 지렁이를 이용한 퇴비 만들기의 좋은 점에 공감하고 있다.

474 곳의 학교에서 12만 2천 명 이상의 학생들이 점심을 먹는다.

학교마다 매달 450kg 정도의 음식물 쓰레기가 버려지고 있다. 2kg의 지렁이가 매일 1kg의 음식물 쓰레기를 처리한다는 것을 알았을 때, 샤말리와 친구들은 학교의 음식물 쓰레기 처리를 위해 무엇을 해야 했을까? 수학 문제와도 같은 그 상황이 샤말리와 친구들을 행동에 뛰어들게끔 했다. 그 어린 친구들은 아무 데나 버려지는 음식물 쓰레기가 환경을 오염시킨다는 것을 알고 있었다. 그런데 지렁이 덕분에 그 쓰레기들이 소화되어 토양을 살찌우는 비료인 퇴비로 변화될 수 있는 것이다.

그래서 그들은 농업 학교를 방문해 지렁이를 이용한 퇴비 만들기에 관한 소중한 설명을 들었고, 퇴비를 만들 지렁이들도 얻을 수가 있었다. 이제 그들에게 남은 일은 마을에서 구한 재료들을 가지고 퇴비장을 만드는 일뿐이었다.

인도 라자스탄주의 중심부에 있는 조드푸르 시 북부에서의 추수.
인도는 수십 년 사이에 농업 생산을 3배로 늘렸다. 이를 일컬어 '녹색 혁명'이라 한다.

상황

유기물 쓰레기(과일 껍질, 달걀 껍데기, 풀 등)는 쓰레기통에 넣지 않는다. 지렁이가 그것들을 분해하여 퇴비로 만들 수 있는데, 퇴비는 식물에 영양을 공급하는 천연 비료다.

그러나 그것은 해법의 일부분에 지나지 않았다! 샤말리와 친구들은 마을 이장에게 가서 지렁이 퇴비장의 장점에 대해 알리고 그 소식을 모든 주민들에게 전해 달라고 도움을 청했다. 또한 식사를 준비하는 부녀 단체에 주방 쓰레기를 새로운 방식으로 처리하도록 당부했고, 다른 학교에서도 이를 본받도록 이끌었다.

그렇게 해서 만든 퇴비의 일부는 판매해서 새 교문을 달고, 조그만 텃밭과 학교에서 사용할 화원용 연장들을 구입했다. 그리고 나머지는 학교 운동장 나무에 거름으로 주었다. 이렇게 해서 완벽한 순환 고리가 이루어졌다.

SHALMALI TIWARI

애니 콜린스
2008년 당시 12세
캐나다
브리티시컬럼비아주
나쿠습

우리 시에서는 공정거래를 권장해요

상황

'공정거래'는 빈곤한 국가에서 영세 생산업자들에게 더 나은 대금 지급을 하기 위해 노력한다.

어떻게 환경보호 단체를 만들 생각을 했니? 중학교 2학년 때, 저는 환경 운동을 하고 싶었어요. 공정거래에 관한 발표회의에 간 적이 있었는데, 흥미로웠거든요. 그래서 단체를 만드는 것이 그런 일을 권장하는 좋은 방법이라고 생각했지요. 게다가 우리의 첫 번째 목표가 나쿠습을 "공정거래 도시"로 만드는 것이었답니다.

공정거래 도시가 무슨 뜻이지? 전 세계에 공정거래가 더 널리 정착될 수 있도록 돕기로 한 도시들을 말해요. 그러기 위해서는 도시 주민들이 공정거래가 있다는 것을 알아야 하고, 상점에서는 '공정한' 생산품을 내놓고, 사람들이 그런 생산품을 사야 하지요! 또 시청, 행정 관청, 학교, 기업, 음식점과 각종 단체에서도 공정거래 상품들을 사야 해요. 이를테면 차나 커피 등 말이죠.

그렇다면 네가 만든 단체는 어떤 역할을 했니? 우리는 그 모든 거래 당사자들을 만나 공정거래의 이점들을 소개하고 그들이 동참할 수 있게 했으며 어떻게 해야 하는지 방법을 설명했어요. 또한 학생들과 학교 모든 관계자들의 공감을 얻기 위해 학교에서 여러 번 설명회도 가졌어요.

그러면 너희 덕택에 나쿠습이 '공정거래 도시'로 인증을 받았니? 캐나다 국립공정거래위원회인 트랜스페어가 시의 노력이 충분했는지 판단하기 위해 나쿠습 시청과 면밀히 조사를 했어요. 그리고 관심을 끌기 위한 우리의 홍보 활동 덕분에 나쿠습 시는 브리티시컬럼비아에서 최초로 인증을 받았답니다.

목표 / 공정거래를 지지하라

방법 : 행정가들과 상인들 그리고 각종 단체들의 관심을 끈다.

내가 바꾼 세상 : 2009년에 나쿠습은 브리티시컬럼비아에서 최초로 '공정거래' 인증을 받은 도시가 되었다. 나는 그것이 무척 자랑스럽다!

부모님의 역할 : 항상 나를 도와주셨고, 내 계획이 실현될 수 있도록 해 주셨다.

친구들의 평가 : 친구들은 내가 하는 일에 관심을 가지고 있고 내 일이 멋지다고 생각한다. 그러나 대부분 일상생활에 너무 몰두하다 보니 이런 일은 잘 모르는 부분이 있다. 몇몇 친구들은 참여했지만, 아직도 많은 친구들이 이 일에 참여해야 하는지 어쩐지 잘 모르고 있다!

충고 : 당신의 꿈들을 실현하라! 당신이 흥미를 느끼고 열정을 느끼는 일을 하라. 같은 분야에서 경험이 있는 사람들과 대화를 하고 당신의 목적을 이루기 위해 그들과 함께 일하라.

앞으로 하고자 하는 일 : 학교에서 플라스틱 병을 없애는 새로운 프로젝트를 시작하고 학생들이 플라스틱 병 대신 금속 물통을 쓰도록 유도할 것이다.

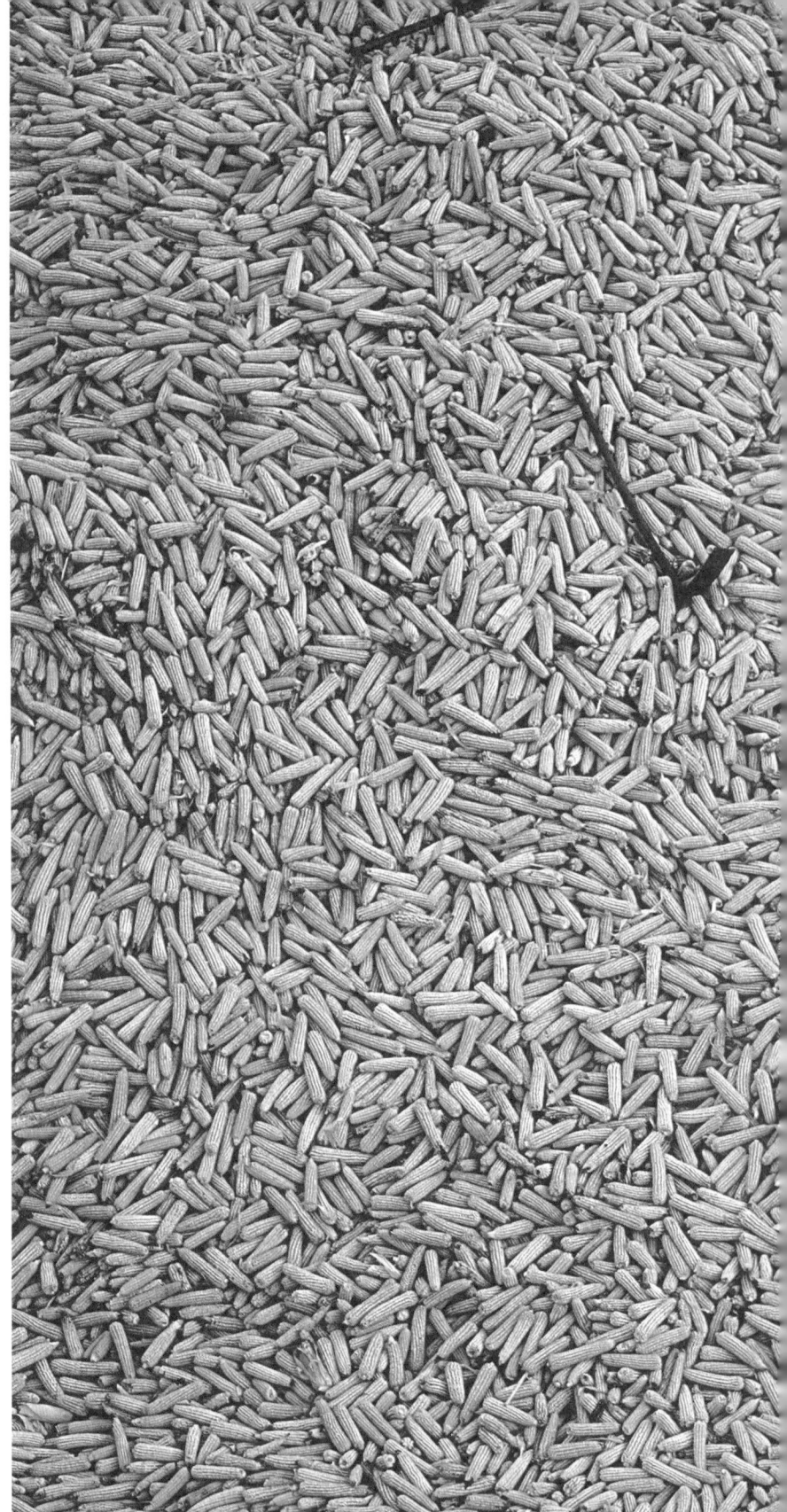

케냐 남서부에 위치한
마사이마라 국립보호구 옆
흰 옥수수 집하장.

ANNIE COLLINS

캐서린 리우
12세
미국
캘리포니아주
사라토가

예술이 사람들을 생각하게 만들 수 있다

목표 / 대중이 중대한 환경문제에 관심을 갖도록 하라

방법 : 데생과 회화.

한 장의 아름다운 그림이 긴 연설보다 낫다. 캐서린에게 있어 그것은 명백한 사실이다. "예술이 사람들을 생각하게 만들 수 있어요." 그러나 그림이 메시지를 전달하게 하려면, 그 메시지가 뚜렷이 보여야 한다!

여러 해 전부터 캐서린은 해마다 유엔환경계획이 주최하는 국제 어린이 데생 경연대회에 자신의 작품들을 보내고 있다. 그리고 2010년, 전 세계 100여 개 국가에서 응모한 60만 점 이상의 그림 중에서 당당히 2등을 수상했다!

기린, 백곰, 코뿔소와 오늘날 멸종 위기에 놓인 다른 동물들을 실어 나르는 기차를 그렸다. 그리고 그 행렬은 선로 변경 지점에 이르러 있다. 한쪽은 태양광과 풍력 에너지를 이용하는 잘 보존된 세계를 그렸다. 다른 한쪽은 가파른 낭떠러지이다. 올바른 길을 선택하는 것은 사람에게 달려 있다고 캐서린 그림이 암시하는 듯하다.

덴마크 미델그룬덴 해상 풍력 단지. 풍력 발전 단지에서는 이미 덴마크 전력 생산량의 20%를 생산하고 있다.

KATHERINE LIU

상황

바람, 태양, 수력, 지열은 반복 가능하고 무제한 무상으로 사용할 수 있는 에너지원을 제공한다.

캐서린의 다른 그림들도 보는 사람들로 하여금 기후 변화, 오염, 위협 받는 종의 다양성 혹은 사람들 사이의 평화에 대해 경각심을 갖게 한다.

캐서린은 또한 일상생활에서 환경보호를 실천하고 있다. 학교에서나 집에서나 폐품을 재활용하고, 에너지를 절약한다. 그러나 그것만으로 지구에 대한 캐서린의 근심과 희망을 표현하기에 부족하고 또 나머지 사람들에게 행동에 나서라고 호소하기에도 부족하다. 그래서 캐서린은 예술을 한다. 아름다운 그림은 언어에 상관없이 연설보다 더 호소력이 크다는 장점이 있기 때문이다.

파커 리오토
16세
영국
런던

나는 제일 어린 북극 정복자가 되고 싶었어요

상황

2010년, 파커는 15세 나이에 스키로 북극에 도달하는 역사상 최연소 탐험가가 되고자 했다.

왜 스키를 타고 북극에 가겠다는 생각을 했니?

저는 어린이들에게 기후 변화에 대해 알리고, 생각을 불어넣어 주고, 관심을 돌리고 싶었어요. 그래서 "극점"이라는 단체를 만들었지요. 저는 제가 만든 단체를 알리고 기후 온난화에 대해 이야기하기 위해 최연소 북극 정복자가 되겠다는 생각을 했어요. 게다가 제 꿈이기도 했고요.

어쩌다 첫 번째 시도에서 실패했지?

날씨가 비정상적으로 따뜻했어요! 얼지 않은 물이 곳곳에 있었고, 얼음이 빠른 속도로 남쪽으로 흘러가기 시작했거든요. 우리는 스키를 타고 북쪽을 향했지만, 얼음의 흐름이 우리를 반대 방향으로 끌어 내렸지요. 헬리콥터가 우리를 구조해 줬어요. 단 하나 얻은 점이 있었다면, 기후 온난화가 북극 지방에 일으킨 급격한 변화에 대한 우리의 생각을 더욱 분명하게 만들어 줬다는 것이죠! 저는 제 임무가 정말 꼭 필요하구나 하고 느꼈고, 그래서 다시 한번 시도해야겠다고 마음먹었어요.

그린란드 우나르톡 피오르드의 침식된 빙하 사이에 떠 있는 배. 배핀만과 래브라도해에 떠다니는 빙하들의 대부분은 그린란드 서쪽 해안에서 흘러나온 것들이다. 그 수는 연간 1만 개에서 4만 개에 이른다.

**날씨가 비정상적으로 따뜻했어요!
얼지 않은 물이 곳곳에 있었고,
얼음이 빠른 속도로 남쪽으로 흘러가기 시작했거든요.
우리는 스키를 타고 북쪽을 향했지만, 얼음의 흐름이
우리를 반대 방향으로 끌어 내렸지요.**

PARKER LIAUTAUD

2011년 4월에 있었던 두 번째 원정은 어떻게 되었니?

기온이 영하 35도였고, 저는 제 몸무게만큼이나 무거운 썰매를 끌었어요. 그러나 안내인 더그 스타웁 씨와 함께 훈련도 열심히 했고, 또 사기도 충만했지요! 우리는 120킬로미터를 달리는 데 나흘이 걸렸어요. 그 경로에서 두 번째로 빠른 기록이었답니다.

원정에 필요한 자금은 어떻게 마련했니?

처음에는 무척 어려웠어요. 제겐 돈도, 사람들과의 관계도, 물자 지원도 없었거든요. 저는 제 계획을 믿어 줄 후원자를 구하기 위해 1,500통 정도의 편지와 이메일을 보냈어요! 그러나 첫 번째 원정이 실패로 돌아갔고, 모든 것을 다시 시작해야 했어요. 그 실패로 모든 신뢰를 잃었기 때문에 두 번째는 자금을 구하는 데 네 달이나 더 걸렸죠!

www.parkerliautaud.com/campaign.htm

목표 / 청소년들을 움직여 온실효과의 주범인 가스를 줄여라

내가 바꾼 세상 : 수만 명의 젊은이들이 내 원정을 뒤따랐고, '극점'을 통해 기후 온난화에 관심을 갖게 되었다.

가장 기쁜 일 : 두 번째 원정에서 돌아오면서 첫 번째 원정에서 잃었던 신뢰를 되찾고, 사람들이 다시 내 생각에 믿음을 갖게 되었다는 것을 알았을 때.

가장 자랑스러운 일 : 첫 번째 원정을 할 때 나 혼자서 자금 모금에 성공했을 때, 그리고 두 번째 원정. 그건 뭐랄까 〈미션 임파서블〉 같은 것이었으니까!

부모님의 역할 : 내가 필요할 때 정신적인 도움을 주셨고, 그것이 전부였다. 나머지, 특히 자금 모금에 있어서는 부모님의 도움을 받지 않고 전적으로 나 혼자 해결했다. 나는 독립적이고 싶었고, 내 입장에서는 그것이 좋은 선택이었다. 사람들이 내 프로젝트를 더 좋게 생각하게 되었으니까.

충고 : 당신이 흥미롭게 생각하는 문제에 대해 자료를 잘 조사하라. 하고자 하는 일과 관련하여 일어나는 모든 일들을 잘 읽어라. 사람들은 당신이 진정으로 관심을 갖고 있다는 것을 알게 될 것이고, 그렇게 하면 일을 잘 해 나갈 수 있을 것이다.

앞으로 하고자 하는 일 : 2013년에 있을 원정을 준비한다. 이 원정은 나를 최연소 자기장 북극● 정복자로 만들어 줄 것이다.

●나침반이 가리키는 자기장 북극은 고정된 지점이 아니라 지구 핵의 움직임에 따라 다르다. 파커가 2011년에 도달한 지리적 북극은 고정된 지점이다. 그곳은 지구의 가장 북쪽에 위치한 지점으로 모든 자오선과 시간대가 마주치는 곳이다.

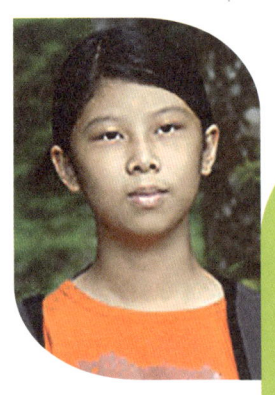

아들린 수와나
2008년 당시 12세
인도네시아

우리는 모두 자연의 친구다

상황
기후 온난화는 지구의 기후를 마비시킬 것이다. 예를 들면 홍수와 가뭄이 더 자주 발생할 것이다.

목표 / 환경 파괴를 늦추고, 아이들이 자연을 보존하려는 마음을 갖게 한다

방법 : 나무와 산호 심기, 학술회 개최, 안내인을 동반한 국립공원 방문.

내가 바꾼 세상 : 내 활동 덕분에 수천 명의 아이들이 자연을 사랑하게 되었고, 자연을 돌보고 보호하기 위한 구체적인 행동을 하게 되었다.

http://sahabat-alam.com/en/

2007년에 아들린이 살던 마을은 강물이 엄청나게 범람해 물에 잠겼다.

아들린의 가족은 피난을 갔다. 충격을 받은 아들린은 대체 무엇이 이런 홍수를 일으킬 수 있었는지 궁금했다. 아들린은 지구 기후가 변하고 있으며, 동물과 식물의 종들이 사라지고 있다는 사실을 알게 되었다. 그래서 다른 아이들과 함께 환경을 보호하기 위한 행동에 나서기로 결심했다. 그 뒤로 방학이 되면 친구들을 모아 강변을 보호하고 물고기들의 피신처가 되어 주는 숲을 만들기 위해 맹그로브를 옮겨 심었다. 그것이 출발점이 되어 활동 규모를 점점 더 키워 가게 되었다. 이후 아들린은 자연을 돌볼 준비가 된 어린이 단체를 결성했고, '자연의 친구들'이라는 뜻의 "사하바 알람"이라고 이름을 붙였다. 이 단체는 현재 인도네시아 전역에 걸쳐 회원 수가 1,700명이 넘는다. 산호 심기, 바다거북이 관찰, 해변에 버려진 쓰레기 수거, 심지어는 전기가 들어오지 않는 오지 마을에 작은 폭포를 이용해 청정에너지인 수력발전을 만드는 일까지 다양한 활동을 하고 있다.

2011년 11월에 발생한 홍수. 태국 쿠 방 루앙 근처 고속도로 위에 차량들이 줄지어 서 있다. 2011년 태국을 강타한 홍수는 몇 주 동안 500명 이상의 사망자를 발생시켰고, 특히 1,200만 명의 인구가 사는 수도 방콕 지역에 큰 피해를 주었다.

그러나 아들린에게 가장 중요한 일은 자신의 활동과 함께 '지구를 구하자'는 메시지를 전달하는 것이었다. 그래서 아들린은 다른 아이들의 안내자가 되어 국립공원으로 아이들을 데리고 가고, 여러 학교에서 학생들에게 자연보호의 중요성을 설명했으며 그들에게 무슨 일을 할 수 있는지 아이디어를 주기도 했다.

그리고 더 많은 친구들을 잘 설득하기 위해 〈자연의 친구들〉이라는 텔레비전 방송에 출연하기도 했다!

ADELINE SUWANA

- 전기를 생산하려면 터빈을 돌려야 하는데, 그때 전기를 이용하는 것이 아니라 풍력발전소는 바람의 힘으로 돌리고, 수력발전소는 떨어지는 물(폭포나 댐에서)의 힘으로 돌린다. 이렇게 오염물질이 발생하지 않는 자연을 이용한 에너지를 말한다.

딜런 마하링감
2004년 당시 9세
미국
뉴햄프셔주
데리

인터넷으로 전 세계를 도울 수 있다

목표 / 세계의 빈곤을 줄여라

방법 : 인터넷 사이트를 개설하여 정보를 제공하고 기부금을 모금한다.

내가 바꾼 세상 : 2004년 아시아를 강타한 지진해일의 피해자들을 돕기 위해 78만 달러(약 8억 5천만 원)가 모금되었다. 2005년 미국에 몰아닥친 태풍 카트리나의 피해자들을 위한 구호 기금으로 1천만 달러(약 108억 원)가 모금되었다. 그 이후에도 7만 달러(약 7,600만 원) 이상의 기부금이 모금되어 여러 프로젝트에 전해짐으로써 전 세계 백만 명 아이들의 생활이 개선될 수 있도록 했다.

http://lilmdgs.org

● 2000년에 유엔에서 채택된 의제로서 2015년까지 세계의 빈곤을 절반으로 줄인다는 목표를 가지고 있다.

어느 날, 딜런의 부모님이 말씀하시기를 딜런이 접시에 남긴 음식만 가지고도 가난한 나라의 한 가족이 일주일은 먹고 살 수 있다고 했다.

"저는 제 접시에 담긴 음식을 어떻게 세계 다른 곳, 다른 누구의 접시까지 옮겨 줄 수 있을까 궁리했어요." 딜런은 어렸을 적부터 빈곤의 문제에 민감했고, 그런 사태를 변화시키고 싶었다. 그래서 새천년 개발 목표(MDG)● 에 관해 사람들이 말하는 것을 들었을 때, 즉시 행동에 들어갔다. 딜런은 최빈곤 국가들의 생활 조건을 향상시키는 데 인터넷의 힘을 이용하기 위해 '릴스 새천년 개발 목표(Lil'MDG)'라는 단체를 만들었다.

전 세계 어린이들에게 정보를 제공하고 그들을 동원하기 위해 만들어진 릴스 새천년 개발 목표라는 인터넷 사이트에서는 새천년 목표에 관해 설명하고, 여러 나라의 개발 프로젝트들을 소개한다.

사이트에서는 성금을 낸다든지, 도서나 학용품을 보낸다든지 하는 방법을 알려 주어 활동에 참여할 수 있도록 도와준다.

방글라데시 다카 시 남쪽의 물에 잠긴 집.

DYLAN MAHALINGAM

상황

2000년, 유엔은 2015년까지 달성할 새천년 개발 목표 8가지를 의제로 내세웠다. 그 첫 번째는 세계의 빈곤과 기근을 줄이는 일이다.

"대부분의 아이들은 무척 가난한 사람들을 도울 마음의 자세가 되어 있지만, 어떻게 해야 하는지 방법을 모르고 있어요. 아이들에게는 인터넷과 같은 기술을 사용해서 돕는 것이 훨씬 재미있고, 덜 위험해요. 릴스 새천년 개발 목표가 제안하는 것이 바로 그런 것이에요."

41개국에서 3백만 이상의 어린이들이 벌써 릴스 새천년 개발 목표의 프로젝트에 참여했다. 이 단체는 모금된 돈을 운영하는 제이미 재단과 함께 일을 한다. 릴스 새천년 개발 목표는 기부금으로 티베트의 한 학교에 기숙사를 건립하고, 인도에 도서관과 이동식 병원을 설치하고, 우간다 어느 학교에 운동장을 지어 주었다.

95

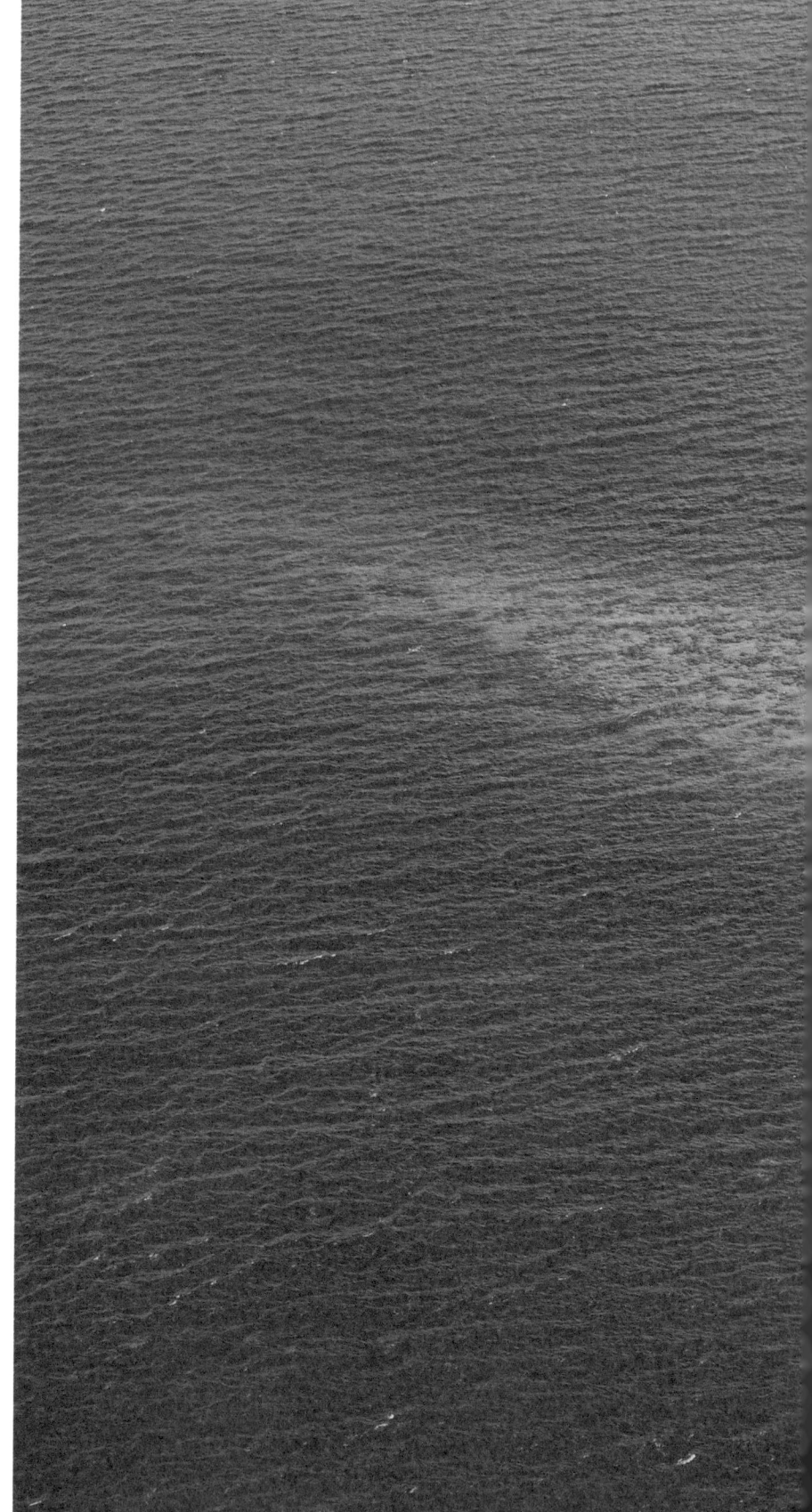

파나마 근해 로브슨 섬에 있는
쿠나 인디언 거주지.
전 세계 인구의 50% 이상이
해안가에 살고 있으며
해수면의 상승으로 위협 받고 있다.

리아논 탐티션,
메디슨 보르바
16세
미국

• Union of Concerned Scientists, 미국에서 환경문제 해결을 위해 비영리로 운영되는 자발적인 과학자들의 단체.

지구를 위한 우리의 활동 :

우리의 활동은 두 가지 사실을 발견한 이후 시작되었다. 첫 번째는 동남아시아에서 오랑우탄이 사라져 가고 있으며 이는 특히 기름야자 대농장이 들어서면서 오랑우탄의 서식지인 숲이 파괴되고 있기 때문이라는 것이다. 그리고 두 번째는 해마다 활동 자금을 마련하기 위해 미국의 걸스카우트들이 파는 비스킷에 그 야자 기름이 함유되어 있다는 것이었다! 우리는 이 문제에 대해 대중과 모든 걸스카우트 단원의 관심을 끌기 위해 홍보 운동을 벌였다. 열대수림 보호 협회(레인-포레스트 액션 네트워크)와 과학자 단체(참여 과학자 연대•)의 도움을 받아 탄원서를 작성했고, 7만 통의 이메일이 걸스카우트 지도자들에게 전달되었다! 또한 우리는 직접 가서 걸스카우트 지도자들을 만났다. 그 결과, 걸스카우트 연맹에서는 숲을 파괴하지 않는 농장에서 생산된 야자 기름을 사용하여 비스킷을 만들기로 약속했고, 어떻게 하면 오랑우탄들의 터전을 빼앗지 않는 다른 식용유로 대체할 수 있을지 연구할 것이다.

**세바스찬 제이미,
리베로 다빌라
12세
볼리비아**

지구를 위한 나의 활동 :

내가 다니는 학교와 함께 "지구를 위해 나무를 심자"는 전 세계적인 운동에 참여하여, 안데스산맥의 볼리비아령 알티플라노에 사는 아이들이 나무를 심도록 도와주었다. 또한 청소년들이 대기오염이나 생물 다양성과 같은 환경문제에 관심을 기울일 수 있도록 도보 행군을 조직하는 데에 힘을 보탰다.

**아말라 데사라티
15세
인도
벵갈루루**

지구를 위한 나의 활동 :

벵갈루루 시의 쓰레기 분리배출과 분리수거를 실현시켰다. 어떤 단체가 지역 주민이 쓰레기 분리배출과 재활용에 관심을 갖도록 활동을 시작했을 때, 아말라는 즉시 그 작업에 참여했다. 아말라는 그 팀에서 가장 어렸다. 아말라는 특히 청소년과 어린이를 대상으로 쓰레기를 재활용할 수 있도록 분리배출의 중요성을 강조했다. 그 작업은 250명 정도의 주민들이 사는 한 거리에서 시작했지만 곧 거주지 전역으로 확산되었다. 아말라는 계속해서 청소년과 어린이들을 하나씩 끌어들였다. 아말라의 목표는 도시 전체를 끌어들이는 것이다.

마이켄 하말루바
2008년 당시 11세
보츠와나

나무는 생명이다

목표 / 아프리카의 사막화에 대항해 싸우라

방법 : 학교 내 관심 불러일으키기, 나무 심기.

내가 바꾼 세상 : 나는 많은 청소년들에게 나이와 상관없이 할 수 있는 일이 무엇인가에 눈을 뜨게 만들었다. 대부분의 사람들은 어리면 세상을 바꿀 수 없다고 생각한다. 나는 그런 사람들에게 우리도 가능하다는 것을 입증해 보였다!

가장 기쁜 일 : 내 행동의 결실이 미래에도 오랫동안 남아서 많은 사람들의 생활을 개선할 수 있다는 것을 알게 된 것.

부모님의 역할 : 아버지께서 금전적인 측면을 운용해 주셨다.

친구들의 평가 : 언제나 나를 돕는 데 한마음이며, 나처럼 우리가 사는 지구를 깨끗하게 보존하려면 모두 함께 일해야 한다고 생각한다.

충고 : 아무리 어려도 세상을 바꿀 수 있다!

너는 왜 나무를 심기로 결심했니?
나무는 생명이기 때문이지요. 우선 나무는 우리에게 숨을 쉬도록 공기를 제공해요. 그러나 일상생활에서도 없어서는 안 되지요. 요리를 하고 난방을 하도록 땔감이 되어 주기도 하고, 집을 짓는 목재를 주기도 하고, 종이를 만드는 재료도 되거든요. 그리고 모든 사람들에게 그늘을 제공하지요!

나무를 심자는 네 캠페인을 어떻게 알렸니?
사람들에게 사막화의 문제에 대해 경각심을 불어넣고 우리의 행동을 알리기 위해 아버지와 함께 전단지를 만들어 뿌렸어요. 또한 라디오 방송으로도 알렸지요. 그리고 전 세계 100개가 넘는 나라에서 학교를 대상으로 환경 교육을 실시하는 단체 ENO(온라인 환경 Environment Online)와 협력했어요. 거기서 발행하는 소식지를 이용해 보츠와나에서 나무를 심는 일이 얼마나 중요한지 이야기했어요. 아프리카에 있는 ENO 회원 학교 100곳 이상이 그 소식지를 받고 있거든요!

마다가스카르 마론트세트라와 토마시나 사이에서 벌어진 산림 황폐화 전경.

MAIKEN HAMALUBA

상황

아프리카에서는 요리를 하고 물을 데울 수 있는 유일한 에너지원이 목재다. 그렇지만 반은 사막이 되어 버린 나라에서는 식물이 자라기 무척 힘들다.

묘목과 자재를 구입하는 데 필요한 돈은 어떻게 마련했니?
저는 '우리는 한 가족(We are a family)'이라는 미국 재단으로부터 상과 함께 재정적 지원을 받았는데, 그 재단에서는 제가 한 행동에 상을 주어 격려를 했답니다.

그래서 어떤 결실을 보았니?
저는 4년 만에 보츠와나에 2,500그루 이상의 나무를 심었어요. 또한 이 학교 저 학교 돌아다니며 아이들에게 우리의 미래를 위해 왜 나무를 심어야 하는지 설명했고, 아이들 스스로 나무를 심도록 격려했지요. 150회 정도 되는 설명회를 해야 했고 1만 명가량 되는 학생들의 관심을 유도했지요.

펠릭스 핀크바이너
2007년 당시 9세
독일

논란은 그만두고 나무 심기를 시작하세요!

상황

대기에는 탄소 가스가 포함되어 있는데, 식물들은 이 가스를 사용해서 성장한다. 그렇지만 탄소 가스는 지구의 기후를 교란시키는 가스이기도 하다.

기후 변화에 대한 발표 과제를 준비하면서, 펠릭스는 나무들이 지구온난화를 억제할 수 있다는 사실을 알게 되었다. 발표를 끝내고 펠릭스는 친구들에게 제안했다. "만일 전 세계 모든 나라에 백만 그루씩 나무들을 심는다면?" 그보다 더 나을 것이 있으랴! "저는 우리 어린이들이 나무를 심을 수 있다고 생각했습니다. 전 세계 모든 어린이들이 마치 세계 대가족처럼 함께 행동할 수 있다면 얼마나 좋을까요!" 펠릭스는 당당하게 말했다.

두 달 후, 펠릭스가 다니는 학교에 첫 번째 나무가 심어졌다. "저 혼자의 힘으로는 할 수 없다는 걸 알고 있었어요. 그러니 다른 아이들을 동원해야 했지요." 펠릭스는 학교 선배들의 도움을 받아 심은 나무의 수를 보여 주는 계수기와 함께 인터넷 사이트를 개설했다. 그 사이트를 통해 펠릭스가 벌이는 운동을 알렸고, 점점 더 많은 아이들이 참여했다.

브라질 테페 부근 아마존 밀림에 쏟아지는 소나기. 넓이가 370만㎢가 되는 아마존은 세계 최대의 숲이다.

저는 우리 어린이들이
나무를 심을 수 있다고 생각했습니다.
전 세계 모든 어린이들이 마치 세계 대가족처럼
함께 행동할 수 있다면 얼마나 좋을까요!

FELIX FINKBEINER

1년 후 2008년 말, 펠릭스는 '지구를 위해 나무를 심자'의 첫 연수를 제안했다. 학교마다 10세에서 12세 사이의 학생들 몇 명을 참여시켰다. 연수 교육 기간에 아이들은 나무를 심는 기술, 대중 앞에서 설명회를 하는 기술 등 알아야 할 모든 것을 배우게 된다. 그렇게 한 이후에는 아이들이 다른 아이들을 교육시킬 수 있고, 또 교육 받은 아이들이 다른 아이들을 교육하는 식으로 계속된다. "이런 방식을 통해 우리의 운동은

4백만 그루의 나무들이 새로이 심어졌다.

저절로 점점 더 커 가고, 이제는 멈출 수가 없게 되었지요." 펠릭스는 무척 기뻐했다. 아닌 게 아니라 오늘날 20개국에서 140회 이상의 연수가 이루어져 1만 2천 명의 학생들을 교육하고 있다.

펠릭스가 과제 발표를 한 3년 뒤에는 전 세계에 무려 4백만 그루의 나무들이 새로이 심어졌고, 그중 1백만 그루가 독일에 심어졌다. 또한 '지구를 위해 나무를 심자'는 국제 재단이 되었고, '논란은 그만두고 나무를 심기 시작하세요!'라는 구호를 내세우게 되었다.

www.plant-for-the-planet.org

목표 / 기후 온난화를 막자

방법 : 나무를 심어라.

내가 바꾼 세상 : 5년 만에 전 세계 100여 개 이상 국가에 10만 명가량의 어린이들이 4백만 그루의 나무들을 심었다.

가장 기쁜 일 : 수천 명의 어린이들이 나무를 심도록 하는 데에 성공했던 일.

가장 자랑스러운 일 : 케냐에 사는 왕가리 마타이는 2006년 나무 심기 운동을 벌여 전 세계에 125억 그루의 나무를 심었다. 나는 그분을 만났는데 내게 많은 영감을 주었다. 2011년 9월 그분이 사망한 뒤 유엔에서는 '지구를 위해 나무를 심자'의 아이들인 우리에게 그분이 했던 운동을 계속 이어 가도록 했고, 전 세계에 심은 나무의 통계를 내는 일도 맡겼다. 어른들이 우리에게 준 것은 진정한 책임감이었다.

충고 : 우리 어린이들은 전 세계 인구의 과반수 이상을 차지한다. 만일 우리 모두가 함께 행동한다면 세상을 바꿀 수 있다. 코뿔소에게 모기 한 마리는 아무 것도 아니겠지만, 천 마리의 모기떼가 함께 덤비면 코뿔소의 진행 방향을 바꿀 수도 있다.

앞으로 하고자 하는 일 : 세계 각국 정부는 기후 변화를 막기 위한 행동에 있어 의견 일치를 보지 못하고 있다. 그것은 재앙이다. 그래서 우리는 전 지구적인 최초의 정당, 각국 내에 존재하면서 전 세계적으로 행동할 수 있는 그런 정당을 만들고자 한다.

프랑스 지롱드에 있는 방다르갱국립공원의 자연보호 지역. 이곳은 철새 도래 지역으로 수많은 종의 철새들이 겨울을 나거나 둥지를 트는 장소이다. 특히 떼를 지어 날아드는 4~5천 쌍의 제비갈매기를 볼 수 있는데, 이는 유럽에서 볼 수 있는 제비갈매기 무리 가운데 가장 큰 세 무리 중 하나이다.

지구를 위한 나의 활동 :
저는 환경운동에 참여하는 학교에 다녀요. 학교에서 우리는 쓰레기를 재활용하고, 나무도 심는답니다. 그리고 강 근처에 있는 습지를 되살렸는데, 덕분에 도마뱀들과 곤충들이 다시 거기에 살기 시작했어요. 저는 노르웨이에서 제일 큰 하이킹 연합 회원으로서 자연을 존중하면서도 야외에서 여러 가지 활동들을 하지요.

헬가 안핀센
12세
노르웨이

**허진호
13세
대한민국**

지구를 위한 나의 활동 :
일회용 봉지 사용을 줄이고 재활용을 장려하기 위해 한 가지 아이디어를 냈어요. 재활용할 수 있는 재료들을 이용해 여러 번 다시 사용할 수 있는 자신만의 봉지를 만들도록 했지요.

**엘레노르 서트클리프
11세
영국
웨일즈**

지구를 위한 나의 활동 :
내가 세운 프로젝트 'SOS 우리의 바다를 구하자'는 지역 해변을 청소하는 일을 한다. 매주 친구들이 모여 해안으로 쓸려 온 쓰레기를 줍는다. 수거된 모든 쓰레기는 표시를 하고 등록을 하는데, 그렇게 수집된 정보들은 해양 환경보호 단체인 해양보존협회에 보내져 환경에 관한 자료를 만드는 데에 사용된다.

뜻있는 청소년들끼리 생각을 교환해요!

자말리 브리지워터
2008년 당시 10세
버뮤다

목표 / 청소년들이 환경에 해를 덜 끼칠 수 있도록 일상생활의 습관을 바꿀 있게 도와줘라

방법 : 환경 모임 + 조언을 줄 수 있는 책.

내가 바꾼 세상 : 더 많은 사람들이 단순한 행동으로도 환경을 보호할 수 있도록 한 것.

가장 기쁜 일 : 내가 만든 녹색 어린이 모임(Green Kids Club)을 그만두었을 때, 나는 다른 사람들이 '그래, 그만두는군. 이제 무슨 일을 해야 할지 말해 줄 사람이 없네.'라고 할 줄 알았다. 그렇지만 8명의 아이들이 남아 그 모임을 이어 나갔다! 그리고 그것이 희망을 주었다.

충고 : 자연 속에서 여러 가지 활동을 하라.

더 어렸을 적에, 자말리는 손에 책을 들고 여러 시간 동안 밖을 돌아다니며 자연의 경이로움을 탐색하고, 버뮤다의 동식물을 찾곤 했다.

학교에서는 자신처럼 환경에 푹 빠진 아이들을 모아 자연보호 모임(녹색 어린이 모임)을 만들었다. 그 모임은 재활용 센터 탐방을 기획하고, 학교가 환경 친화적인지 아닌지를 구별하기 위한 연구도 했다. 적극적인 환경 운동 덕분에 2008년 버뮤다 해양 박물관과 동물원이 주최하는 어린이를 위한 환경 발표회의에 학교 대표로 나갔다. 그 행사에는 백일장도 포함되어 있었는데, 선발된 두 명의 수상자는 노르웨이로 가서 해마다 유엔이 개최하는 세계 어린이환경회의에 참가하게 되었다. 그중 한 명이 자말리였다!

노르웨이에 다녀온 후 자말리는 보고서를 작성하여 박물관과 버뮤다 환경청에 보냈다. 자말리의 진지함을 확인한 환경청은 2009년 한국에서 열리는 회의에 참가할 수 있도록 지원하기로 했다. 그리고 그다음 해인 2010년에 또다시 자말리는 지방 재단의 지원을 받아 일본에서 열리는 회의에도 참석했다.

세계문화유산으로 등록되어 있는 그레이트 블루홀(Great blue hole). 중앙아메리카에 위치한 벨리즈의 라이트하우스 리프에 있는 산호초.

JAHMALI BRIDGEWATER

상황
유엔환경계획은 해마다 전 세계 어린이와 청소년을 위한 발표회의를 개최한다.

자말리처럼 지구의 미래를 염려하는 어린이들이 모이는 모임에서는 새로운 생각과 전 세계에서 일어나고 있는 일에 대한 증언들이 쏟아진다. 그러한 만남에서 아이디어를 얻은 자말리는 자기 나라의 모든 어린이들에게 자신의 경험을 알리고, 그 경험을 이용할 수 있도록 해야겠다고 생각하고 어린이를 위한 책 《자라나는 녹색》•을 썼다. 책에서 자말리는 환경에 해를 덜 끼치며 살아가도록 여러 가지 조언을 하고 있다. 에너지 사용을 줄이고, 쓰레기를 줄이며, 일반 전구 대신 전력 소비가 낮은 등으로 대체하고, 나무를 심자는 등……

• 《Growing Green(나의 환경 일기)》, 자말리 브리지워터, 엑스리브리스, 2010년.

제임스 브룩스
2005년 당시 9세
캐나다
런던

고릴라를 구하기 위해 내가 말하지 않는다면, 누가 그 일을 할 것인가?

상황

우리의 가장 가까운 사촌들이라 할 수 있는 대영장류가 아프리카와 아시아에서 멸종 위기에 처해 있다. 밀렵꾼들이 고기를 얻기 위해 원숭이를 사냥하고, 원숭이들이 사는 열대 밀림을 벌목하거나 파괴하기 때문이다.

● 인간, 침팬지, 보노보, 고릴라, 오랑우탄 등을 일컫는 말.

어떤 계기로 대영장류●를 구하고 싶었니? 저는 침팬지, 보노보, 고릴라, 오랑우탄을 좋아했어요. 인간과 무척 가깝거든요. 그렇지만 이미 그 수가 많지 않고, 만일 그대로 내버려 둔다면 20년 후에는 몇몇 종이 사라지고 말 거예요.

네가 운영하는 인터넷 사이트 www.apeaware.org에는 어떤 내용들이 있니? 모든 대영장류에 대한 정보들이 올라가 있어요. 대영장류를 더 잘 알고 왜 그들이 위기에 처하게 되었는지 이해할 수 있도록 하기 위해서죠. 어른들과 아이들이 다 같이 볼 수 있게 만들었어요!

대영장류 보호 협회인 캐나다 영장류 연맹(Canadian Ape Alliance)을 돕고 있지? 맞아요. 그 기관은 콩고 민주 공화국 현지에서 여러 프로젝트들을 수행하고 있어요. 카후지-비에가국립공원에 있는 고릴라들을 보호하고, 경비원들이 밀렵꾼을 물리칠 수 있도록 도와주며, 경비원 가족들의 생활 여건이 향상될 수 있도록 하고 있지요.

인도네시아 보르네오의 기름야자 농장. 기름야자 농장은 인도네시아 산림 황폐화의 주범이다.
그 기름은 수많은 식품들에 사용되고 있다.

나는 아프리카 어딘가로
돈만 보내는 것이 아니에요.
내 활동을 통해 콩고에 있는 사람들과 고릴라들의
생활이 정말로 향상되도록 하고 있어요.

JAMES BROOKS

연맹에서 벌이는 모든 활동에는 돈이 필요해요. 그 활동들 중 하나가 '아이들을 위한 달걀 Eggs for Kids'인데, 제 프로젝트인 '천 개의 학급'에서 부분적으로 자금을 지원하고 있지요.

'천 개의 학급' 프로젝트의 원칙은 무엇이니?

저는 천 개의 학급에 각각 3달러(약 3,200원)씩 모으자고 했어요. 천 개의 학급에 참여하는 각 학급은 모금된 돈 덕분에 고릴라를 구하기 위한 구체적인 활동들을 해요. 그리고 그런 기회를 통해 학급의 모든 아이들이 아프리카에서 사라져 가고 있는 대영장류의 문제에 대해 생각을 하게 되지요.

www.apeaware.org

www.1000classrooms.org

목표 / 대영장류를 구하라

방법 : 선전과 모금.

내가 바꾼 세상 : 6,200달러(약 670만 원)를 모금했고, 2만 5천 개의 달걀을 구입했다. 목표액인 3,000달러를 1년 만에 달성했다! 그리고 수천 명의 사람들이 이 문제에 관심을 갖게 되었다.

가장 기쁜 일 : 도움을 주려고 하는 아이들이 엄청나게 많다는 사실을 알게 된 일. 대영장류의 멸종에 대해 그들의 양심을 일깨웠다는 것이 기쁘다!

가장 자랑스러운 일 : 나는 아프리카 어딘가로 돈만 보내는 것이 아니다. 내 활동을 통해 콩고에 있는 사람들과 고릴라들의 생활이 정말로 향상되도록 하고 있다.

가장 영웅적인 행동 : 내가 한 수많은 발표 회의들. 초기에는 내게 발음 문제가 있어서 대중 앞에서 말하는 것이 무척 고민스러웠다! 그러나 만일 고릴라를 구하기 위해 내가 말하지 않는다면, 다른 그 누구도 그 일을 하려 하지 않았을 것이다.

친구들의 평가 : 나처럼 열성적이지는 않다 해도, 내가 필요할 때 도와주거나 소액의 기부금을 낸 친구들이 많다.

충고 : 당신과 같은 관심사를 가지고 있는 사람들을 찾아서 그들과 함께 일하라. 내 경우에는 두 개의 단체(캐나다 영장류 연맹과 보노보 보존 발의)가 내 활동에 영감을 주고 도와주었다.

앞으로 하고자 하는 일 : 다음 프로젝트는 보노보가 살고 있는 콩고 민주 공화국 코콜로포리 숲 주위를 다시 살리는 일이다.

브라질 리우데자네이루의 이파네마 해변. 날마다 인간들이 가까운 바다와 먼 바다에 8백만 개의 쓰레기를 버리고 있다.

하난 하산,
줄리아 린
10세
오스트레일리아
시드니

지금이 바로 지구를 구할 때다

목표 / 지구에 끼치는 폐해를 줄이기 위해 태도를 바꾸자

방법 : 환경 모임을 만들어서 학교 내에서 태도 변화가 이루어지도록 하고 가정에서도 마찬가지로 할 수 있도록 유도한다.

가장 기쁜 일 : 해마다 '지구촌 불끄기(Earth Hour)' 운동의 하나로 환경보호 활동을 열심히 한 환경어린이에게 주어지는 '영 판다 상(Young Panda Award)'을 2011년에 받았는데, 무척 기뻤다!

앞으로 하고자 하는 일 : 학교 옥상에 태양광 집열판과 빗물받이 수조를 세우는 일.

학생들이 에너지를 절약하고 쓰레기를 재활용하며 오염 없이 전력을 공급하기 위해 태양광을 사용하는 환경 친화적인 학교를 상상해 보세요. 하난과 줄리아는 그런 상상 이상의 일을 해냈다.

두 소녀는 2009년 몇몇 친구들과 과학 교사의 도움을 받아 교내에 '환경어린이' 모임을 만들었다. 그들의 목표는 학생들과 교사들이 환경 친화적인 생활 방식을 따르도록 하는 것이었다. 그리고 그 방법으로 매주 모여 환경에 대한 토론을 하고 실천에 옮길 활동들을 골랐다.

쓰레기를 줄이기 위해 교실마다 뒷면을 사용할 수 있는 종이를 넣는 함과 재활용할 폐지들을 넣는 또 다른 함을 설치했다. 매주 금요일에 '음식물 쓰레기 제로' 점심시간을 만들어 학생들이 그날만은 모든 일회용 포장 사용을 하지 않도록 했다. 그리고 전국 쓰레기 수거일에는 학교 대청소를 기획했다. 또한 전교생이 참여하는 나무 심는 날 제정, 학교에 채소 재배를 위한 정원 모임 창설, 녹색 쓰레기를 부식토로 만들기 위한 퇴비장 설치도 했다.

오스트레일리아의 대 산호초. 2,500㎡에 걸쳐 있는 대 산호초는 세계 최대의 산호 군락지를 이루고 있다. 여기에는 400종의 산호, 1,500종의 물고기, 4,000종의 연체동물들이 서식하고 있다.

상황

'지구촌 불 끄기' 행사는 2007년 시드니에서 시작되었고, 이 행사 때에 지구온난화를 막기 위해 220만 명의 사람들이 동시에 1시간 동안 불을 껐다.

그리고 2011년 3월 '지구촌 불 끄기' 캠페인이 있었을 때, 이 학교는 단순히 한 시간 동안 전력을 쓰지 않는 것으로 만족하지 않았다! 환경어린이에 힘입어 1주일 동안 학교 전체가 사용하지 않는 전등, 컴퓨터, 선풍기, 에어컨의 전원을 끄도록 주의를 기울였다. 그리고 마지막 날 두 시간 동안 야외 수업을 하기까지 했다. 물론 주제는 환경이었다!

하난과 줄리아는 이런 활동 덕분에 주변 사람들의 모범이 되고 기후 온난화에 맞서 싸우는 청소년에게 주는 '영 판다 상'을 수상했다.

북극을 생각할 때면, 이누이트 족이 생각나요

아이노아 아르디
2008년 당시 14세
프랑스

상황
북극 평화 탐사단은 기후 온난화의 결과들을 대중에게 알리는 것을 목표로 한다.

아이들과 극지방 탐사를 간다는 것이 흔히 있는 일은 아니지! 네 역할은 무엇이었니?

9세부터 17세까지 유럽, 미국, 아프리카에서 온 9명의 아이들이 참가했어요. 우리가 거기 간 것은 현재 북극에서 벌어지고 있는 기후 온난화 때문에 어떠한 변화가 생겼는지 확인하고, 돌아와서 주변 사람들에게 그것에 대해 알리기 위해서였지요. 또한 우리는 과학 조사도 하고 측정도 하고 사진을 찍어 빙하 연구자들에게 제공했어요.

그 지역을 가 보고 무엇이 가장 기억에 남았지?

대부분의 사람들은 북극이 빙하 사막이라고 상상하죠. 그러나 그곳은 동물과 식물이 매우 다양한 장소였습니다. 그리고 지금 북극을 생각하면, 그곳에 살며 저와 함께 자신들의 문화를 나누었던 이누이트 족이 생각납니다. 기후 온난화는 사냥하며 살아가기 위해 동물들과 빙하가 필요한 사람들에게 제일 먼저 영향을 미쳤습니다.

캐나다 레졸루트베이의 쇄빙선. 북극은 세계에서 가장 빨리 온난화가 진행되는 지역이다.
현재의 진행 속도라면 2050년 이전에 빙하가 사라질 수도 있다.

그들 앞에는 기후 변화의 영향에 대해
구체적으로 이야기해 줄 아는 누군가가 있었다.
단순히 신문 기사나 다큐멘터리가 아니라
직접 증언을 해 줄 누군가.

AÏNHOA HARDY

돌아와서 어떻게 '북극 대사' 임무를 맡게 되었지?

저는 학교에서 여러 차례 발표회를 가졌고, 주변 사람들에게 제가 찍은 사진과 비디오들을 보여 주었어요. 신문이나 잡지의 인터뷰도 했고, 거기서 북극 탐사에 관한 이야기를 했지요. 우리의 모험을 알리기 위한 책●도 한 권 나왔답니다.

그것이 네 첫 번째 탐사 여행이었니?

아니요. 제가 열두 살 때, 아버지와 함께 아프리카 킬리만자로산을 등반했어요. 정신적, 육체적으로 많은 노력이 필요했지만, 멋진 보상을 받았지요. 그 원정 덕분에 수단의 전쟁 지역인 다르푸르를 돕는 단체 '다르푸르 구조'에 보낼 7,500유로(약 816만 원)를 모금했거든요.

●《북극의 변화 : 변화의 증인들 – 누나부트에 간 어린 외교사절단》, 뤽 아르디, 사각스, 2009년.

목표 / 북극을 위협하는 급격한 변화에 대중의 관심을 돌려라

방법 : 다른 8명의 아이들과 북극 탐사에 참가.

내가 바꾼 세상 : 학교에서 중학교 1학년부터 고등학교 졸업반까지● 한 번에 300명가량의 학생들을 대상으로 여러 차례 설명회를 가졌다. 나는 그들이 기후 온난화의 현실에 대해 인식할 수 있도록 도왔다고 생각한다. 그들 앞에는 기후 변화의 영향에 대해 구체적으로 이야기해 줄 아는 누군가가 있었다. 단순히 신문 기사나 다큐멘터리가 아니라 직접 증언을 해 줄 누군가.

부모님의 역할 : 아버지는 이번 여행을 조직한 일원이셨다. 내게 그러한 모험에 참여할 수 있는 특별한 기회를 주신 아버지에게 무척 감사한다.

가장 자랑스러운 일 : 우리 어린이 북극 탐사대는 캐나다 최북단의 북극해에 위치한 워드 헌트 섬에 있는 빙하 고원 일부에 커다란 균열이 생겼음을 확인할 수 있었다. 이 발견은 그 지역에서 연구하는 많은 과학자들에게 큰 도움이 되었다.

친구들의 평가 : 나와 함께 그 원정에 참여할 수 있었으면 할 것이다!

충고 : 다음 날을 기다리지 말고 끊임없이 행동하라. 환경에 대한 정보 수집도 해야 한다. 그래서 선거 때에 주변 어른들이 진정 환경보호를 위해 행동할 후보들을 지지하도록 힘을 주어야 한다.

● 프랑스는 초등학교가 5년 과정, 중학교가 4년 과정, 고등학교가 3년 과정으로 되어 있다.

옹딘 엘리오
2008년 당시 12세
프랑스
우아즈 지역
뇌빌-시르-
오뇌이유 거주

상어를 위해 싸우는 것은, 바로 우리를 위해 싸우는 것이다

상황

사람들은 해마다 7천3백만 마리의 상어들을 죽이고 있다. 3종 중 1종 꼴로 멸종 위기에 처해 있다. 때때로 상어 지느러미만 떼어 내고는 산 채로 바다에 다시 버리기도 한다.

자연을 보호하기 위해 무슨 활동을 벌이고 있니?

저는 동물을 좋아했어요. 그러던 어느 날, 어느 잡지에서 상어들을 학살하는 충격적인 사진을 발견했어요. 그 사진은 아시아에서 무척 좋아한다는 상어 지느러미 수프를 만들기 위해 상어를 잡아 지느러미만 떼어 내고 다시 바다에 버리는 장면이었어요. 저는 사람들이 그렇게 잔인하게 동물들을 죽여서는 안 된다고 생각했어요! 그래서 그런 사실을 말하기 위해 블로그를 만들어야겠다고 결심했어요.

네 부모님 반응은 어땠니?

처음에는 부모님께 아무런 말씀도 드리지 않았어요. 그러다가 부모님께서 제 블로그를 보시더니 무척 놀라셨지요! 그리고 아버지께서는 더 나아가 제가 9개 널빤지를 이용해 상어에 관한 전시물을 만들고, '상어에 대한 열정'이라는 단체를 만들 수 있게 도와주셨어요. 저는 그 전시물을 프랑스 전역에서 서른 번 정도 전시했답니다. 첫 전시는 2009년 스쿠버다이빙 박람회에서였는데, 박람회 대표를 만났더니 곧바로 승낙해 주시더군요.

남아프리카 공화국 테이블마운틴국립공원 먼바다의 고래.

**사람들은 해마다 7천3백만 마리의
상어들을 죽이고 있다.
3종 중 1종 꼴로 멸종 위기에 처해 있다.**

ONDINE ELIOT

전시회와 또 다른 활동에 필요한 자금은 어떻게 마련했니?

저는 잠수부들이 입는 옷을 만드는 아주머니들을 만났어요. 그분들에게 제 투쟁에 관해 말씀드리고 함께 티셔츠를 하나 만들자고 제안했지요. 그분들이 그러자고 하셨어요! 제가 도안을 했는데, 상어 모양이었지요. 제가 하는 활동을 위해 티셔츠 한 장당 5유로씩 거뒀어요. 그렇게 해서 거의 1,000유로를 모아 그 돈으로 2011년 3월 제가 다니는 중학교에서 벽화 제작, 전시, 그림 그리기 대회, 표어 만들기 대회, 영화 상영, 연극 공연, 토론회 등 다양한 행사를 하는 '상어 보호 주간'을 개최했답니다.

그렇게 악명 높은 동물을 보호한다는 것이 어려웠을 텐데?

처음에는 그런 질문에 마땅한 답을 찾지 못했어요. 그렇지만 3년 만에 저는 상어에 관해 많은 것을 배웠습니다. 이제는 내 열정에 관해 말하고 사람들을 설득하기가 더 편해졌어요! 게다가 제가 상어를 위해 싸울 때, 저는 모든 종을 위해 싸우는 것이고, 우리를 위해 싸우는 것이지요!

> **저는 모든 종을 위해 싸우는 것이고 우리를 위해 싸우는 것이지요!**

ONDINE ELIOT

http://passiondesrequins.skyrock.com/

목표 / 상어를 구하라

방법 : 정보를 제공하고 사람들의 관심을 유도하라.

내가 바꾼 세상 : 내 전시회 '상어를 두렵게 하는 것' 덕분에 수많은 사람들이 상어가 해양 생태계 균형에 있어 중요하며 위협 받고 있다는 사실을 알게 되었다.

앞으로 하고자 하는 일 : 내가 만든 전시물을 프랑스의 모든 학교에 무상으로 보내고, 아이들을 위한 사진 책을 쓰는 일.

가장 자랑스러운 일 : 긍정적인 반응과 함께 비웃음이 돌아올 것도 알고 있었지만, 내가 다니는 학교에서 내가 매일 보는 사람들에게 전시물을 보여 준 일.

충고 : 생각만으로는 충분치 않고 자신의 생각을 믿고 더 멀리 나아가야 한다! 부모님의 도움과 지지는 중요하다.

가장 기쁜 일 : 내가 전시물을 소개했을 때, 모르는 사람들이 다가와서 내가 하는 일이 정말 훌륭하다고 말해 주었을 때.

친구들의 평가 : 친구들은 나를 격려하며, 자기들은 내가 하는 일을 도저히 할 수 없으리라고 말한다. 하지만 아니다. 누구나 할 수 있다! 때때로 와서 나를 도와주는 친구 세 명도 있다.

앨버타 넬스
2006년 당시 16세
미국
나바호 자치 지역
애리조나주
플래그스태프

성스러운 산에 스키장은 안 된다

목표 / 스키장 확장 공사를 막고, 인공 눈을 만들기 위해 더러운 물을 약품 처리해 사용하지 못하도록 하라

방법 : 젊은이들을 움직여 항의 행진과 시위를 거듭한다.

가장 기쁜 일 : 처음에 군중 앞에서 연설할 때는 무척 어려웠다. 그러나 충분한 믿음을 가지고 진심 어린 말을 하게 되자 숨을 쉬는 것처럼 자연스럽게 말하기 시작했다. 재미있는 것은 연설이 끝나고 사람들이 "고맙구나! 고마워!" 하고 말할 때, 내 머릿속에는 온통 '내가 무슨 말을 했을까?'라는 생각뿐이었다는 것이다. 난 항상 마음속에 있는 말을 할 때 정확히 무슨 말을 했는지 기억하지 못한다!

충고 : 결코 포기하지 말라. 누군가와 싸울 때, 상대방이 기다리는 것이 바로 포기이다. 지쳤을 때도, 스트레스가 잔뜩 쌓였을 때도 결코 포기해서는 안 된다. 어느 한순간 스스로를 돌아보며 자신이 이룬 것이 무엇인지를, 모든 사람들을 자기편으로 만들었음을 깨닫게 되기 때문이다.

플래그스태프 북쪽에 우뚝 솟은 샌프란시스코 산 정상을 바라볼 때마다, 앨버타의 눈에 보이는 것은…… 할머니이다. 앨버타가 속한 인디언 문화에서 그 산들은 성스럽고, 앨버타에게는 마치 가족과도 같다.

인근의 스키장 개발업자들 눈에는 그 산들이 미래의 스키장으로 보였다. 2002년, 그들은 숲을 없애서 스키 탈 수 있는 지역을 확장하고, 플래그스태프 정수장에서 나온 물을 약품 처리하여 인공 눈을 만들 계획을 세운다. 그 산들을 숭배하는 앨버타와 13개 인디언 부족들로서는 자신들의 성소를 불경하게 만드는 그 계획을 도저히 받아들일 수 없었다. 그렇지만 그들의 항의에도 불구하고 산림청은 2005년에 개발을 허가했다. 즉시 그 계획에 반대하는 사람들과 산림청 사이에 법정 투쟁이 벌어졌다. 앨버타는 어느 재단의 재정적 지원을 받아 만들어진 '정상의 젊은이'라는 운동의 선두에 서서, 출신이 어디이건 간에 신성한 산을 보호하고자 하는 그 지역 젊은이들에게 경각심을 불러일으켰다.

미국 모뉴먼트밸리 공원. 나바호 자치 지역의 인구는 30만이 넘는데, 그중 17만 4천 명이 보호 구역에 살고 있다.
미국 연방 정부가 인정한 다른 563개 부족과 마찬가지로 나바호 족도 자치 정부를 이루고 있다.

ALBERTA NELLS

상황

정수장에서 나오는 약물 처리된 물이 자연에 다시 뿌려진다. 그러나 그 물에는 아직도 위험 물질이 함유되어 있을 수 있다.

앨버타는 도보 혹은 기마 행진과 시위를 통해 항의했다. 그리고 만일 성스러운 산 정상의 자연을 훼손하도록 내버려 둔다면 문화를 잃게 될지도 모른다고 젊은이들에게 설명했다. 또한 산과의 유대를 강화하기 위해 아메리카 인디언 전통에 가치를 부여하고 그것을 전하는 연수 교육 과정을 만들었다. 6년이 지난 2012년 1월까지도 법정 투쟁은 계속되고 있다. 현재 이 사건은 샌프란시스코 항소 법원에 올라가 있다. 그리고 앨버타 역시 거기에 가 있다. 앨버타는 법원 앞에서 '정상의 젊은이' 대표들과 시위 중이다.

소다로 뒤덮인 케냐의 마가디 호수
위를 날아가는 홍학 무리.

제스 이스마엘
이자이딘
15세
말레이시아
쿠알라룸푸르

무대에서는 메시지를 전달하는 데 15분이면 충분하다

목표 / 아시아 호랑이의 멸종을 막아라

방법 : 호랑이에 대한 사람들의 태도를 바꾸기 위해 무용극으로 대중에게 호소하다.

연극 무대에 호랑이 분장을 하고 나오기까지 어떤 일들이 있었지?

저는 일곱 살 때부터 환경에 관심이 많았고, 또 예술을 좋아했어요. 초등학교 다닐 때에는 내내 학교 연극부에 속해 있었고요. 우리는 멸종 위기에 처한 동물을 위해 해마다 새로운 작품을 무대에 올려 대중에게 호소하고, 좋은 일에 쓰기 위해 모금을 했지요.

네가 속한 나무 극단(Tree Theatre Group)은 어떻게 만들어졌니?

아버지께서는 아이들이 이런 공연을 하면서 무척 즐거워한다는 사실을 알게 되었고, 2006년 나무 극단을 만드셨죠. 이 극단은 연극을 통해 대중으로 하여금 환경문제에 관심을 갖게 만드는 것이 목표예요. 그게 두 시간 설명하는 것보다 더 효율적이거든요. 무대에서는 관중들에게 메시지를 전달하는 데 15분이면 충분해요.

http://treetg.com/aboutus.html

태국 푸껫 북부의 농사.

JES ISMAEL IZAIDIN

〈유령 호랑이〉에서는 무슨 이야기를 하니?

무용극이에요. 아시아 호랑이가 처한 심각한 상황, 야생동물의 아름다움 그리고 숲의 중요성을 설명하고 있어요. 유령 호랑이는 아직 살아 있는 호랑이에게 밀렵꾼을 피하는 방법과 숲이 겪고 있는 모든 변화에서 살아남는 법을 가르치지요.

넌 호랑이 의상을 몇 번이나 입었니?

너무 많아 셀 수도 없어요! 우리 극단은 말레이시아에서 많은 공연을 했고, 또 유엔환경계획과 같은 발표회의가 열릴 때에는 해외 공연도 했어요. 2011년에는 세계 어린이 예술 페스티벌이 열린 워싱턴에서도 공연을 했어요.

> **상황**
> 아시아에서 호랑이들이 사라져 가고 있다. 산림 황폐화와 불법적인 벌목 때문에 호랑이들이 사는 숲이 파괴되고 있기 때문이다.

오늘 저는 미국을 상대로 소송을 제기합니다!

앨릭 로어즈
2011년 당시 16세
미국
캘리포니아주
벤투라

상황
우리가 사는 지구의 기후가 따뜻해지고 있다. 그 결과, 빙하가 녹고 해양이 팽창하며, 이 때문에 해수면의 높이가 높아지고 있다.

앨릭이 볼 때, 오늘날 기후 온난화가 실제 일어나고 있다면, 그것은 미국이 대기를 보호하고, 현재와 미래의 세대들이 살 수 있을 만한 기후와 건강한 지구를 보장하기 위해 한 일이 전혀 없기 때문이었다. 앨릭은 정부가 책임을 지고 기후 변화를 중단시키기 위해 적절한 조치를 취하는 대신 돈을 더 우선시했다고 판단했다.

좋다. 그러나 정부 지도자들에게 "이 모든 것이 당신들 책임이오!" 하고 어떻게 말한단 말인가? 방법이 있다. 잘못을 저질렀다고 판단되는 미국 정부를 상대로 소송을 제기하면 된다. 정말 용감하기도 하지! 그래서 앨릭은 전국 50개 주의 다른 청소년들에게 자신과 똑같이 하라고 부추겼다. 만일 법정에서 승소한다면 미국은 온실효과를 가져오는 가스 배출을 즉각 줄임으로써 잘못을 만회해야 할 것이다.

앨릭은 열두 살 때 〈불편한 진실〉이라는 다큐멘터리 영화를 본 이후부터 기후 변화에 맞서 싸우고 있다.

그 영화에서 힌트를 얻어 만든 '홈 메이드'라는 발표 자료를 가지고 여러 학교를 돌아다니며 기후 변화에 대해 설명했다. 그리고 '어린이 vs 지구온난화'라는 조직을 만들어서 만일 온난화가 계속된다면 해수면

케냐 로이타 평원 위로 쏟아지는 폭우.

현실 참여 운동을 시작할 때부터,
법에 호소하는 것이 어쩌면
진정한 변화를 가져올 수 있다고 생각했습니다.

ALEC LOORZ

이 어디까지 올라갈지 보여 주는 백여 개의 말뚝을 자신이 사는 고장에 설치했다.

2011년 3월, 앨릭은 'iMatter(나는 소중하다)'라는 구호를 내세워 대규모 행진을 조직할 생각을 했고, 45개국이 넘는 나라에서 동시에 한목소리로 이제 기후를 구하기 위해 행동할 때라고 외치게 했다. 거리에서 자신이 만든 구호를 박자에 맞추어 외친 앨릭은 현재 법원에서 그 구호를 반복하고 있다.

ALEC LOORZ

www.imattermarch.org

www.kids-vs-global-warming.com/Home.html

목표 / 기후 온난화에 맞서 싸워라

방법 : 미국 정부를 상대로 소송 제기하기.

내가 바꾼 세상 : 30만 명이 넘는 사람들, 특히 청소년들이 내 발표를 통해 기후 온난화 문제에 관심을 기울였다. 미국에서 인도에 이르기까지, 파키스탄에서 시에라리온* 에 이르기까지 전 세계 45개국 이상의 나라에서 160회의 시위행진이 이루어졌다.

가장 자랑스러운 일 : 'iMatter' 시위행진이다. 전 세계 방방곡곡에서 그들이 보낸 사진들을 받는 건 무척이나 기쁜 일이다! 내가 만든 단체는 그저 아이디어만 주었을 뿐인데, 어라, 곳곳에서 시위행진이 벌어지기 시작했다!

가장 영웅적인 행동 : 어느 학교에서 기후 변화에 관한 발표를 했을 때 학생들은 내가 정치적 선전을 하러 왔다고 했다. 그러나 나는 굴하지 않고 계속 발표를 했다. 마침내 모두 잠잠해졌고 참석한 750명의 학생들 중 500명이 기후 변화에 맞서 행동하겠노라고 했다.

가장 큰 실수 : 사실 실수라기보다 잘못이었다. 나는 많은 특별한 사람들을 만났지만, 계속 연락을 하지 않는 바람에 그들과의 관계가 끊어졌다. 그 점이 아쉽다. 더 나아지도록 노력하겠다.

부모님의 역할 : 어머니는 날 지지하고 많이 도와주신다. 게다가 종일 '어린이 vs 지구온난화'를 위해 일하신다.

충고 : 저마다 자신을 기다리는 사명을 찾아야 한다. 그다음에는 열정을 가지고 그 일을 시작하기만 하면 된다. 그러면 상상도 못 했던 기회들이 찾아온다.

앞으로 하고자 하는 일 : 2012년 지구의 날에 대대적인 'iMatter' 행사를 벌일 것이고, 자기 주변을 바꾸고자 하는 어린이 행동가들을 위해 연수 교육을 할 것이다.

*아프리카 서부 대서양 연안에 있는 공화국.

사진 얀 아르튀스-베르트랑

프랑스의 사진 작가이자 환경 운동가이다. 1994년부터 유네스코 프로젝트인 〈하늘에서 본 지구〉를 맡아 진행했고, 그 결과물을 2000년 사진집으로 발간, 무료 사진전을 세계 곳곳에서 열며 유명해졌다. 이 사진집은 '신의 시선'이라는 찬사를 받았다. 2005년에는 지구 환경에 대한 성찰을 촉구하는 비영리기구 '굿플래닛 Goodplant'을 창립했다. 2006년 잡지 〈르몽드〉의 '지구를 구한 10인'에, 2009년에는 유엔 '올해의 인물'에 선정되었다. 2012년부터 유엔환경계획(UNEP)의 홍보 대사도 겸하고 있다.
지은 책으로 《하늘에서 본 지구》 《소년, 지구별을 보다》 《얀이 들려주는 지구의 미래》 등이 있다.

글쓴이 안 얀켈리오비치

프랑스의 자연 다큐 작가이자 환경 운동가이다. 주로 얀 아르튀스-베르트랑과 함께 '굿플래닛'의 프로젝트를 진행하며 글을 쓰고 있다.

옮긴이 김윤진

서울대학교 사범대학 불어교육과를 졸업하고 같은 대학 대학원에서 문학박사 학위를 받았다. 서울대, 홍익대, 경원대 및 이화여대 통번역대학원에 출강했고, 현재 한국문학번역원에 재직 중이며 한국외대 통번역대학교 겸임교원으로 일하고 있다.
쓴 책으로는 《불문학 텍스트의 한국어 번역 연구》가 있고, 연구논문으로는 〈번역의 손실과 보상〉 〈문화의 충돌과 번역의 문제점〉이 있다. 옮긴 책으로는 《조서》 《프랑스 낭만주의》 《플랫폼》 《유클리드의 막대》 《한밤의 사고》 《혈통》 《꽃들의 질투》 《왜 날 사랑하지 않니》 《나보다 더 고양이》 《오나의 마나님》 《15소년 표류기》 《감정교육》 등이 있다.

얀 아르튀스-베르트랑이 설립한 굿플래닛 재단의 사명은 환경과 지속 가능한 발전의 홍보입니다. 이 책은 굿플래닛 재단을 위하여 올리비에 블롱이 기획한 책입니다.

글 _ 안 얀켈리오비치
도판 _ 프랑수아즈 작코
데생과 조판 _ 세르반 트랑샹
항공사진 _ 얀 아르튀스 베르트랑

이 외에 본문에 사용된 사진들은 이 책에 언급된 어린이와 청소년들이 친절하게 제공해 주었습니다.